D1718348

EIN JAHRHUNDERT
NÄCHSTENLIEBE

Die Geschichte des
Diözesan-Caritasverbandes
für das Erzbistum Köln e. V.

Hermann-Josef Scheidgen (Hrsg.)

EIN JAHRHUNDERT
NÄCHSTENLIEBE

Die Geschichte des Diözesan-Caritasverbandes
für das Erzbistum Köln e. V.

J.P. BACHEM VERLAG

Bibliografische Information der Deutschen Nationalbibliothek
Die Deutsche Nationalbibliothek verzeichnet diese Publikation in der
Deutschen Nationalbibliografie; detaillierte bibliografische Daten
sind im Internet über *http://dnb.d-nb.de abrufbar.*

1. Auflage 2016
© J.P. Bachem Verlag, Köln 2016
Gestaltung: Cindy Kinze, Köln
Lektorat: Frauke Severit, Berlin
Druck und Bindung: Belvédère Niederlande
ISBN 978-3-7616-3024-2

Aktuelle Programminformationen finden Sie unter
www.bachem.de/verlag

Die Chronik erscheint mit freundlicher
Unterstützung der Pax-Bank eG.

INHALT

VORWORTE

In einer Bombennacht im Juni 1943 geht die Kölner Innenstadt in Flammen auf und mit ihr die Geschäftsstelle des Diözesan-Caritasverbandes für das Erzbistum Köln. Alle Unterlagen über das erste Drittel seines Bestehens sind verloren. Ein Totalverlust, der in Zeiten moderner Kommunikationstechnologien schwer vorstellbar scheint.

Er führt uns aber auch vor Augen, dass Protokolle, Manuskripte und Verträge kein Herzstück der Caritas der Kirche sind. Es sind die Menschen – die da wirken und prägen und die immer weitermachen. Elisabeth Lakemeier, seit 1925 Mitarbeiterin im Verband, recherchierte, trug zusammen und erinnerte sich für das 50-jährige Bestehen des Diözesan-Caritasverbandes, was in der Vorkriegszeit wichtig war. Die Chronik von damals endet mit der Frage: „Wie mag die Geschichte der Kölner Caritas weitergehen? Es wäre richtig und gut, könnte man später feststellen, daß alles Bisherige nur ein Anfang war, dem eine Zeit großer Erfüllung des mandatum Christi gefolgt sein wird."

50 Jahre später ist weiterhin jeder einzelne Tag ein Anfang in der sich stetig wandelnden und formenden Caritas-Arbeit. Es ist die Liebe Gottes, die uns trägt, und die Not der Menschen, die uns zum Handeln treibt. Die vorliegende Chronik „Ein Jahrhundert Nächstenliebe" eröffnet Einblicke in die fachkundige Hilfsbereitschaft von Mensch zu Mensch in einer starken Organisation der Kirche, die sich als katholischer Wohlfahrtsverband zu einem bedeutsamen Bestandteil der gesellschaftlichen Wirklichkeit entwickelt hat. An dieser Jahrhundertschwelle seines Bestehens kann im Diözesan-Caritasverband für das Erzbistum Köln e.V. mit Spannung darauf geschaut werden, von wo aus es nun in die Zukunft weitergeht.

Wir danken dem Herausgeber der Chronik, Dr. Hermann-Josef Scheidgen, für den Blick zurück auf ein Jahrhundert wechselvoller Geschichte. Ein großer Dank gilt auch Dr. Anne Ostermann für ihre fachliche Begleitung und den Fokus auf die Jahrzehnte des Nationalsozialismus. Eine Zusammenfassung dessen, was noch nicht Geschichtsschreibung ist, verdanken wir Dr. Johannes Bernhauser. Die Chronik erscheint mit freundlicher Unterstützung der Pax-Bank eG.

+ Ansgar Puff   F. J. Hensel   h. Loggen

Weihbischof Ansgar Puff   Dr. Frank Johannes Hensel   Dr. Helmut Loggen
Vorsitzender   Diözesan-Caritasdirektor   Stellvertretender Diözesan-Caritasdirektor

Liebe Leserin, lieber Leser,

als der Diözesan-Caritasverband für das Erzbistum Köln Anfang 1916 formell gegründet wurde, befanden wir uns mitten im Ersten Weltkrieg. Der Diözesan-Caritasverband hatte den Auftrag, „das einigende Organ sämtlicher in unserem weit ausgedehnten Kirchensprengel bereits bestehender oder noch zu gründender Caritasveranstaltungen zu sein …", so der Wortlaut im Amtsblatt vom März 1916. Entstanden waren die zahlreichen caritativen Gruppen und Vereine bereits Mitte des 19. Jahrhunderts, als die soziale Frage im Zuge der Industrialisierung aufbrach und Antworten von Staat und Kirche erforderte. „Dampf in der sozialen Maschine" sollte die Caritas sein, forderte damals Lorenz Werthmann, der von Freiburg aus fast zeitgleich den Deutschen Caritasverband gründete.

Viel Gutes ist in den zurückliegenden 100 Jahren vom Diözesan-Caritasverband für das Erzbistum Köln geleistet worden. Als katholischer Spitzenverband der Freien Wohlfahrtspflege hat er sich den Herausforderungen seiner jeweiligen Zeit gestellt und dafür Sorge getragen, Initiativen der Nächstenliebe zu bündeln, Aktivitäten vor Ort zu stärken, sozialpolitische Lobbyarbeit zu bestreiten und der Caritas der Kirche – barmherzig und hoch kompetent zugleich – Ausdruck zu verleihen.

„Not sehen und Handeln" lautet treffend der Slogan der Caritas in unserer Zeit, und so ist die permanente Identifizierung von Notlagen, in die Menschen geraten, eine wichtige Aufgabe der Caritas; sei es verdeckte Armut, seien es unbegleitete minderjährige Flüchtlinge, seien es – wie einst nach dem Zweiten Weltkrieg – Kriegsheimkehrer oder Displaced Persons. Immer ist es Aufgabe der Caritas (gewesen), neue Notlagen zu erkennen und Aktivitäten zu initiieren, diese abzubauen. Was andere Wohlfahrtsverbände ebenso fachlich kompetent praktizieren, geschieht in der Caritas der Kirche in der gläubigen Überzeugung, dass Gott selbst Caritas ist. Sein Erbarmen bekommt im Handeln der Caritas Gestalt. Wir sind als Kirche zur Caritas berufen. Diese Berufung prägt das kirchliche Selbstverständnis. Papst Benedikt XVI. schrieb diesbezüglich in seiner ersten Enzyklika „Deus caritas est", dass die Kirche den Liebesdienst so wenig ausfallen lassen kann wie Sakrament und Wort. So sind wir Kirche in einer Welt, die Gottes Erbarmen heute so dringend bedarf wie vor 100 Jahren. Lernen wir aus der Geschichte des Diözesan-Caritasverbandes, wie es auch zukünftig gelingen wird, Gott in unserer jeweiligen Zeit gerecht zu werden.

Ihr

+ Rainer Maria Card. Woelki

Rainer Maria Kardinal Woelki
Erzbischof von Köln

Einleitung

VON „THÄTIGER NÄCHSTENLIEBE" ZUR VERBANDLICHEN CARITAS

„Caritas" (Lateinisch: Gottes- und Nächstenliebe): im Gegensatz zu „amor" als (körperliche) Liebe zwischen Mann und Frau; christliche Grundtugend. Sie bezeichnet daneben die im Geist der christlichen Liebe geübte Fürsorge für Hilfsbedürftige und Arme.

„De salute animarum" **(„Über das Heil der Seelen", 1821):** Das sind die Anfangsworte der päpstlichen Bulle, die 1821 die Wiedererrichtung des Erzbistums Köln begründete. Die Erzdiözese umfasste über 970.000 Katholiken (75 % aller Einwohner) [Stand: 1827] und schloss Städte und Landkreise in den Regierungsbezirken Köln, Aachen, Düsseldorf und Koblenz ein. Erster Erzbischof wurde Graf Ferdinand August v. Spiegel (1824–1835).

Bereits das frühe Christentum widmete sich der Armenpflege. Caritas als Sorge und Fürsorge für Arme, Kranke und Benachteiligte war und ist, neben Liturgie und Verkündigung, elementarer Bestandteil des kirchlichen Gemeindelebens und des christlichen Selbstverständnisses. Sie wurde jahrhundertelang in vielfältiger Weise von Pfarreien, Stiften und Ordensgemeinschaften ausgeübt: Zu nennen wären hier bspw. Hospitäler, Schulen, aber auch ambulante Krankenpflege oder Armenspeisungen.

Eine Zäsur markierte die Eroberung der linksrheinischen Gebiete durch die napoleonischen Truppen (1794) und deren Eingliederung in den französischen Staat (1801). Letzteres führte zur Säkularisation (1802/03), welche die Aufhebung eines Großteils der Stifte und Klöster und Verstaatlichung von deren Besitz sowie die Auflösung des Erzbistums Köln und damit auch die Zerstörung der bisherigen Pfarrstrukturen zur Folge hatte. Die Konfrontationen zwischen preußischem Staat und katholischer Kirche in den sog. „Kölner Wirren" (1837) bzw. im „Kulturkampf" (1871–1887), die auch mit der Verhaftung zweier Kölner Erzbischöfe einhergingen, stärkten das Selbstbewusstsein der rheinischen Katholiken gegenüber dem (protestantischen) Staat. In der Folge kam es in der zweiten Hälfte des 19. Jahrhunderts, im Rahmen der Erneuerung des kirchlichen Lebens, nicht nur zum Wiederaufbau der Ordenslandschaft und caritativer Anstalten sowie katholischer Schulen, sondern auch zum Aufblühen des katholischen Vereinswesens.

Insbesondere seit der Jahrhundertmitte erfolgte eine regelrechte Gründungswelle caritativer Ordensgemeinschaften. Zeitgleich wurde eine Vielzahl katholischer Vereine gegründet. Hierzu zählten neben traditionell seelsorglich ausgerichteten Vereinen, wie etwa Jungmänner- oder Jungfrauenvereine, auch politisch motivierte Zusammenschlüsse, wie der 1890 gegründete Volksverein für das katholische Deutschland, sowie sozial-caritative Vereine. Neben der caritativen Betätigung einzelner Pfarrgemeinden („Pfarrcaritas") waren dies in aller Regel katholische, aber von der kirchlichen Hierarchie unabhängige Vereine sozial engagierter Laien. Diese wollten so eine Antwort geben auf die sog. soziale Frage, die aufgekommen war durch die industrielle Revolution und ihre gesellschaftlichen Aus-

Erstes Vatikanisches Konzil
1869–1870

wirkungen, insbesondere die fortschreitende Verarmung der neu entstandenen Arbeiterklasse.[1] Bemerkenswert ist hierbei gleichsam die Stärkung des „weiblichen Elements" in Religion und Kirche – auch durch die Entstehung zahlreicher Frauenkongregationen und katholischer Frauenvereine, in denen Frauen als Laien Leitungsaufgaben übernahmen.

Auch andere Zusammenkünfte, wie der Aachener Caritaskreis, in dem sich eine illustre Schar engagierter Bürgerinnen und Bürger versammelte, widmeten sich mit konkreten Hilfeleistungen der Armenfürsorge.[2] Als Treffpunkt katholischer Vereine und Verbände spielten zunächst die Katholikentage eine Rolle. Dennoch existierten und arbeiteten die Vereine häufig in einem kräftezehrenden Nebeneinander, zudem wurden sie von Episkopat und den kirchlichen Behörden eben wegen ihres Laiencharakters und damit ihrer Unabhängigkeit meist kritisch betrachtet. Es fehlte eine übergeordnete, verbindende und vermittelnde Instanz, um den Vereinen und Einrichtungen zu größerer Wirksamkeit zu verhelfen.

In der Erzdiözese Köln kam es ebenfalls zur Gründung sozial-caritativer Vereine, teilweise auch „Konferenzen" (von lateinisch „conferre": zusammentragen, -bringen) genannt. Einige schlossen sich nach Gründung des Caritasverbandes diesem als Fachverbände an:

Eine umfassende Verbreitung auf Pfarr- und Ortsebene erreichten die Vincenz- und Elisabeth-Konferenzen. Sie führten sich zurück auf den in Frankreich als Vinzenzgemeinschaft entstandenen Fürsorgeverein des französischen Studenten Anton Frédéric Ozanam. In der Nachfolge des Ordensgründers Vinzenz von Paul fand man das Vereinsziel, die Armen und Schwachen in der Gesellschaft zu unterstützen, um „durch Ausübung christlicher Liebeswerke sich gegenseitig zu vervollkommnen"[3]. Auch in Deutschland entstanden seit der Mitte des 19. Jahrhunderts Vincenz-Konferenzen als Männerfürsorgevereine bzw. Elisabeth-Konferenzen als weibliches Pendant zunächst 1845 in München, kurze Zeit später auch im Erzbistum Köln. Im Jahr 1849 wurden in Bonn und Köln örtliche Vincenz-Konferenzen gegründet, zeitgleich ebenfalls eine Kölner Elisabeth-Konferenz.[4] Bereits 1868 existierten im Erzbistum Köln 84 Vincenz- und 43

**Agnes Neuhaus
(1854–1944):** Als Hausfrau
und Mutter widmete sie
sich schon früh der Frauen-
und Mädchenfürsorge,
gründete 1899/1900 in
ihrer Heimatstadt
Dortmund einen ersten
„Verein zum Guten Hirten",
Vorläufer des „Fürsorge-
vereins für Mädchen,
Frauen und Kinder". Im
Sinne einer Fürsorge „von
Frauen für Frauen" erfuhr
der Verein in den nächsten
Jahren eine Verbreitung
in vielen rheinisch-
west-fälischen Städten.
Daneben engagierte
sie sich politisch; in der
Weimarer Republik war sie
zeitweise Abgeordnete
der Zentrumspartei.

Elisabeth-Vereine;[5] bis 1914 hatte sich die Zahl der Vincenz-Konferenzen auf 249 vervielfacht.[6] Bald erfuhren manche Ortsvereine eine gewisse Spezialisierung, etwa für Straffällige. Auf Empfehlung der 50. Generalversammlung der Katholiken Deutschlands 1903 entstanden zudem in verschiedenen Städten, darunter Köln, Dortmund und Bochum, die ersten „Vincenz-Fürsorge-Vereine für Knaben und Jünglinge". Die wichtigsten Ziele waren die (ehrenamtliche) Mitarbeit in den örtlichen Einrichtungen der Jugendfürsorge und die Mitwirkung bei der Jugendgerichtshilfe. Diese organisierten sich zunächst in der 1902 in Köln gegründeten „Jugendfürsorge-Konferenz des Vincenzvereins Cöln".[7] Zu den Gründungsmitgliedern gehörten der Vorsitzende des örtlichen Verwaltungsrates des Vincenz-Vereins Köln, Friedrich Wilhelm Kortz, Direktor des Realgymnasiums (heute: Leonardo-da-Vinci-Gymnasium) in Köln-Nippes, sowie August Löhr, Generalsekretär der Vincenz-Vereine Deutschlands und bei der Gründung des Diözesan-Caritasverbandes Köln 1916 für anderthalb Jahre dessen Leiter. Zehn Jahre später entstand hieraus der Katholische Männer-Fürsorgeverein (KMFV) (seit 1991: Katholischer Verband für soziale Dienste in Deutschland [SKM]).

„Fürsorgeverein für Mädchen, Frauen und Kinder"

Daneben erreichte bspw. der „Fürsorgeverein für Mädchen, Frauen und Kinder" von Agnes Neuhaus einen größeren Wirkungskreis. Wegbereiterin für diesen Verein in Köln war Marie Le Hanne-Reichensperger (1848–1921), Tochter des Juristen und Zentrums-Politikers August Reichensperger. Als eine der ersten Frauen in Deutschland nahm sie sich weiblicher Strafgefangener an. Pionierarbeit leistete sie Ende des 19. Jahrhunderts zudem bei der Betreuung von geschlechtskranken Prostituierten, was zu jener Zeit als „anrüchig" galt. Im Jahr 1900 gründete sie gemeinsam mit Agnes Neuhaus in Köln den „Verein zum guten Hirten",[8] in den Folgejahren zunächst umbenannt in „Katholischer Fürsorgeverein für Mädchen und Frauen", dann 1903 in „Katholischer Fürsorgeverein für Mädchen, Frauen und Kinder" (seit 1968: Sozialdienst katholischer Frauen [SkF]). Zu Beginn kümmerte sich der Verein ehrenamtlich um die ca. 200 weiblichen Sträflinge, die in der Abtei Brauweiler untergebracht waren, in der Hauptsache wegen „gewerblicher Unzucht" und kleineren Delikten. Eine besondere Klientel des Vereins waren daneben un-

*Eröffnung des Eiffelturms in Paris
anlässlich der Weltausstellung*

MAI 1889

verheiratete Frauen, die aufgrund einer Schwangerschaft Arbeit und Wohnung verloren hatten. Zur Unterbringung dieser Frauen stellte der Kölner Erzbischof Antonius Kardinal Fischer dem Verein 1905 das St.-Josefshaus im Kölner Stadtteil Bayenthal zur Verfügung. Die Betreuung übernahmen Cellitinnen nach der Regel des hl. Augustinus vom Mutterhaus in der Severinstraße. Das Vereinsbüro im Klapperhof 14, ursprünglich das großbürgerliche Wohnhaus der Familie August Reichensperger, bildete den Mittelpunkt der Vereinsaktivitäten.

Marie Le Hanne-Reichensperger trug maßgeblich zur Vernetzung des Vereins bei; schon unmittelbar nach der Gründung setzte sie sich für eine Zusammenarbeit mit den namensgleichen Fürsorgevereinen in anderen rheinisch-westfälischen Städten ein. Nach vorbereitenden Zusammenschlüssen der Ortsvereine wurde auf der 2. Generalversammlung in Dortmund 1907 der Gesamtverein mit Annahme der Satzung konstituiert.[9] In den nächsten Jahren zeigten sich hier bereits Synergieeffekte; der Gesamtverein konnte flächendeckend erheblich wirkungsvoller arbeiten als zuvor die einzelnen Ortsvereine.

Im Hintergrund der Fürsorgevereine stand eine traditionelle Rollenverteilung, nach der die gefährdeten Mädchen lediglich hauswirtschaftlich ausgebildet und so auf ein Leben als (verheiratete) Hausfrau und Mutter vorbereitet werden, junge Männer dagegen einen Beruf zur Sicherung des Lebensunterhalts lernen sollten.[10]

Die „Zersplitterung" des katholischen caritativen Vereinswesens wird bereits sichtbar an der Vielzahl auch hier genannter, unterschiedlicher Vereinsnamen. Obgleich die einzelnen Vereine und Verbände um die Jahrhundertwende durchaus bestrebt waren, durch Zusammenschlüsse eine größere Wirksamkeit zu erreichen, zeigte sich immer deutlicher die Notwendigkeit, die unterschiedlichen Vereine und auch die bisher unverbundenen caritativen Einrichtungen insgesamt zu bündeln und überregional zu organisieren.

1895 formierte sich ein „Charitas-Comité" um den Freiburger Priester Lorenz Werthmann zur Vorbereitung einer überdiözesanen Verbandsgründung katholischer caritativer Vereine und Einrichtungen. Neben der Herausgabe einer Zeitschrift sollten jährlich Caritastage

Lorenz Werthmann (1858–1921): Katholischer Theologe aus Geisenheim/Rheingau, seit 1885 Sekretär und Hofkaplan des Limburger, später Freiburger (Erz-)Bischofs Johann Christian Roos. 1888 wurde Werthmann Priester in der Erzdiözese Freiburg; er widmete sich dort zunehmend der sozialen Frage, war u. a. Mitglied der Freiburger Vincenz-Konferenz. Die Gründung des Deutschen Caritasverbandes (1897) war sein Lebenswerk. Bis zu seinem Tod 1921 stand der Verband unter seiner Leitung.

Gründung des Deutschen Caritasverbandes
Nov. 1897

„Gewerkschaftsstreit":
Die Gründung christlicher
Gewerkschaften in den
1890er-Jahren geschah
als Antwort christlicher
Arbeiter auf die sozia-
listisch geprägten freien
Gewerkschaften. Sie
führte aufgrund der Inter-
konfessionalität (Zulas-
sung von Katholiken und
Protestanten gleicherma-
ßen) und damit fehlender
Unterstellung unter die
kirchlich-katholischen
Behörden zu einer Aus-
einandersetzung sowohl
zwischen Gewerkschaften
und Bischöfen als auch
innerhalb des Episko-
pates. Gegenüber dem
Breslauer Kardinal Kopp
als Verfechter einer stärker
der kirchlichen Führung
unterstellten Arbeiterver-
tretung formierte sich eine
sog. Kölner Richtung mit
dem Kölner Kardinal Fi-
scher und dem Paderbor-
ner Bischof Schulte an der
Spitze, die sich vehement
für die Gewerkschaften in
ihrer bestehenden Form
einsetzten. Auch Fischers
Nachfolger in Köln, Kar-
dinal v. Hartmann, führte
diesen Kurs fort. Jedoch
konnte der Streit erst
1914 durch den Tod von
Kardinal Kopp und den
zeitgleich ausbrechenden
Krieg beendet werden.

abgehalten werden. Im Oktober desselben Jahres erschien die Fachzeitschrift „Charitas. Zeitschrift für die Werke der Nächstenliebe im katholischen Deutschland" zum ersten Mal. In der Publikation wollte man einerseits lokale Initiativen überregional bekannt machen, andererseits sollte ein Diskurs über die Grundlagen der Caritasarbeit geführt werden. Am 9. November 1897 gründete Werthmann während eines eigens zu diesem Zweck anberaumten Caritastages in Köln den „Charitasverband für das katholische Deutschland". Neben Werthmann als Präsident war es der Kölner Weihbischof Hermann Joseph Schmitz (1841–1899),[11] der bis zu seinem Tod als Ehrenvorsitzender des Deutschen Caritasverbandes fungierte.

Mit der Gründung des Deutschen Caritasverbandes, einem Zeichen des „Erstarkens des katholischen Selbstbewusstseins"[12], war die bislang fehlende übergreifende Institution zur Bündelung der Aktivitäten caritativer Vereine und Einrichtungen ins Leben gerufen worden. Werthmann als Freiburger Diözesangeistlicher installierte die Vereinszentrale in Freiburg im Breisgau, wo sie sich bis heute befindet. Von Freiburg aus sollten alle caritativen Initiativen der katholischen Kirche in Deutschland koordiniert werden.

Anerkennung des Deutschen Caritasverbandes

Obwohl der Deutsche Caritasverband von einem Priester gegründet worden war, so war er doch jenseits der kirchlichen Hierarchie entstanden, nicht aus ihr heraus. Auch von der Verbands- und Mitgliederstruktur her war der Caritasverband eine (katholische) Laienorganisation. Die kirchlichen Behörden und der Episkopat, die den Laienbewegungen traditionell eher skeptisch gegenüberstanden – wie auch im „Gewerkschaftsstreit"[13] sichtbar wurde –, begegneten auch dem Deutschen Caritasverband aufgrund dieser Unabhängigkeit kritisch und verweigerten zunächst die Anerkennung. Es sollte noch fast zwei Jahrzehnte dauern, bis die Fuldaer Bischofskonferenz 1916 den Verband in einem „Anerkennungsbeschluss" kirchlicherseits anerkannte; im Gegenzug sicherte sie sich die kirchliche Aufsicht über den Verband.[14] Die bayerischen Bistümer, die auf der Freisinger Bischofskonferenz vertreten waren, mussten sogar bis 1917 auf die offizielle Anerkennung warten – sie wurden erst 1921 dem Deutschen Caritasverband angegliedert.

Ausbruch Erster Weltkrieg/Julikrise

28. JULI 1914

Die Zentrale des Deutschen Caritasverbandes war nunmehr bestrebt, in den einzelnen Diözesen zunächst Diözesan-Caritasverbände zu errichten; im Anschluss daran sollten auf städtischer Ebene einzelne Stadtcaritasverbände entstehen. Vor dem Ersten Weltkrieg sollten jedoch lediglich weitere Gründungen in den Diözesen Straßburg und Freiburg (1903), Ermland (1906), Metz (1909), Breslau (1910) und Limburg (1914) erfolgen. Innerhalb des Erzbistums Köln kam es dagegen bereits zur Gründung einzelner Ortsverbände, z. B. in Essen (1897), Düsseldorf (1904) und Düren (1911), ohne Existenz eines übergeordneten Diözesanverbandes. Erst nach der bischöflichen Anerkennung des Deutschen Caritasverbandes war der Weg geebnet für die Gründung weiterer Diözesan-Caritasverbände. So auch in Köln, wo mitten im Ersten Weltkrieg ein Diözesanverband ins Leben gerufen wurde.

---

[1] Auch Papst Leo XIII. (1878–1903) widmete sich in seiner Sozialenzyklika „Rerum novarum" von 1891 der „sozialen Frage". Das Lehrschreiben gilt als Begründer der Katholischen Soziallehre; vgl. Brüggemann/Heitzer, 100 Jahre Rerum novarum.

[2] Vgl. Hegel, Erzbistum Köln, Band V, S. 438.

[3] Statuten des Kölner Elisabeth-Vereins 1852, § 1, in: AEK, CR I 22.09.

[4] AEK, CR I 22.07,1; 22.09.

[5] Statistik, in: KA vom 15. Juni 1868.

[6] Tätigkeitsbericht 1914, in: AEK, CR I 22.07,1.

[7] Vgl. Sozialdienst Katholischer Männer e. V. Köln, 1902–1982, S. 21.

[8] Vgl. Zorn-Lingnau, Fürsorgeverein, S. 22–23.

[9] Ebda., S. 39.

[10] Ebda., S. 42.

[11] Vgl. Vosen, Hermann Joseph Schmitz, S. 194–197.

[12] Wollasch, „Sociale Gerechtigkeit", S. 53.

[13] Vgl. Hegel, Erzbistum Köln, Band V, S. 583–587.

[14] Vgl. Wollasch, „Sociale Gerechtigkeit", S. 14.

„… einig in dem ernsten, opferwilligen, beharrlichen Streben, dieser [sic!] Not zu steuern, soviel wir vermögen."

Erzbischof Felix Kardinal Hartmann anlässlich
der Gründung des Diözesan-Caritasverbandes
für das Erzbistum Köln, 27./28. Februar 1916

GRÜNDUNG DES KÖLNER DIÖZESAN-CARITASVERBANDES IM ERSTEN WELTKRIEG

Kapitel 1

**Felix v. Hartmann
(1851–1919):** V. Hartmann
entstammte einer preu-
ßischen Beamtenfamilie
aus Münster. Nach mehr-
jähriger Seelsorgetätigkeit
als Kaplan zunächst Gene-
ralvikar (1905–1911) bzw.
Bischof (1911–1912)
in Münster, 1912 Wahl
zum Erzbischof von Köln,
1914 Übernahme des
Vorsitzes der Fuldaer
Bischofskonferenz und
Erhebung zum Kardinal.
V. Hartmann war über-
zeugter Monarchist,
zurückhaltend gegenüber
dem politischen Katho-
lizismus, dennoch setzte
er sich für die Anliegen
der katholischen Arbeiter-
organisationen ein.

Noch vor der bischöflichen Anerkennung des Deutschen Caritasverbandes war im Sommer 1914 der Erste Weltkrieg ausgebrochen, von
der Bevölkerung, Protestanten ebenso wie Katholiken, mit patrio-
tischen Begeisterungsstürmen begrüßt. Auch der Kölner Erzbischof,
Felix Kardinal v. Hartmann, der seit dem Frühjahr an die Spitze der
Fuldaer Bischofskonferenz gerückt war, trug mit zu dieser Stimmung
bei, was sich in den bischöflichen Hirtenschreiben widerspiegelt.[1]

Je länger der Krieg andauerte, desto größer wurden die Auswirkungen
auf die Bevölkerung; die anfängliche Begeisterung schwand. Über
zwei Millionen deutsche Soldaten fielen im Feld. Frauen wurden
zu Kriegerwitwen und zu alleinerziehenden Müttern. Überlebende
Soldaten kehrten als Kriegsversehrte oder als Traumatisierte in die
Heimat zurück.

Kriegsbelastungen und Versorgungsengpässe

Auch fern der Front zeigte der Krieg gravierende Auswirkungen;
insbesondere die Bevölkerung in den Städten wurde in Mitleiden-
schaft gezogen. Seit 1916 waren Lebensmittel rationiert, und nicht
alle Stadträte hatten so klug Vorsorge getroffen wie in Köln, um der
veränderten Situation zu begegnen.[2] Den Tiefpunkt markierte in
dieser Hinsicht der sog. Steckrübenwinter 1916/17, in dem es nach
einer Kartoffelmissernte zu massiven Versorgungsengpässen in den
Städten kam. Öffentliche und private Einrichtungen boten Armenspeisungen an, um die größte Not zu lindern. Daneben stellten die
militärischen Einberufungen und damit verbunden die ansteigende
Berufstätigkeit von Frauen neue Anforderungen an die Kinder- und
Frauenfürsorge. Auch das caritativ tätige Ordenswesen als Haupt-
träger des katholischen Anstaltswesens litt unter den Belastungen
des Krieges: Katholische Krankenhäuser wurden als Reservelazarette
angefordert; gleichzeitig taten viele Ordensschwestern Dienst in
Lazaretten an der Front und fehlten somit ihren Mutterhäusern in
den ordenseigenen Einrichtungen.[3]

Die vielfältigen sozial-caritativen Aufgaben, die aus der Kriegsnot
erwuchsen, zeigten eindrücklich die Notwendigkeit einer funktionierenden und koordinierenden verbandlichen Caritasarbeit, auch
um gegenüber öffentlichen Fürsorgeangeboten bestehen zu können.

Angesichts dieser Situation verfasste der Jesuit Constantin Noppel 1915 eine von der Fuldaer Bischofskonferenz rezipierte Denkschrift, in der er auf die existenzbedrohte Situation des Deutschen Caritasverbandes aufmerksam machte. Als Schwächen beschrieb er neben der ungeklärten Finanzlage auch die mangelnde verbandliche Gesamtstruktur.[4] Aus diesem Grund forderte Noppel die Errichtung eines möglichst lückenlosen Netzes von Orts- und Diözesan-Caritasverbänden.

In der Folge änderte sich auch die bislang äußerst zurückhaltende bis ablehnende Einstellung der kirchlichen Behörden in Köln gegenüber den Bestrebungen zur örtlichen Verbandsbildung der Caritasbewegung.[5] Bereits im selben Jahr (1915) wurde der Kölner Stadtcaritasverband aus der Taufe gehoben. Den Vorsitz übernahm Gymnasialdirektor Friedrich Wilhelm Kortz, Stellvertreter wurde Pfarrer Josef Breuer der Kölner Pfarrei St. Andreas, zum Geschäftsführer wurde August Löhr ernannt.[6] Die erste Handlung des Vereins war die Anfertigung einer Bestandsaufnahme über die katholischen caritativen Initiativen in der Stadt; sie ermöglichte deren Koordination im städtischen Bereich, u. a. in der Kinder- und Frauenfürsorge.[7]

Diözesanausschuss als Vorläufer des Diözesan-Caritasverbandes

Auf diözesaner Ebene hatte Antonius Kardinal Fischer bereits 1904 die Idee einer „caritativen Diözesanorganisation unter Leitung des Bischofs"[8] aufgegriffen und einen „Diözesanausschuss für die Werke christlicher Liebe und die christlich-sozialen Bestrebungen innerhalb der Erzdiözese" errichtet. In der Veröffentlichung des Erlasses im Kirchlichen Anzeiger führte er die vielen sozial-caritativen Aktivitäten in der Erzdiözcse an und resümierte: „Allein es fehlt an einem einigenden Bande zwischen den einzelnen Vereinen und zwischen der mannigfachen Wirksamkeit ..."[9] Zum Vorsitzenden dieses Ausschusses ernannte Fischer seinen Weihbischof Joseph Müller; daneben sollten dem Gremium u. a. die Diözesanpräsiden der Vincenz- und Elisabeth-Vereine angehören. Der Diözesanausschuss sollte sich insbesondere umfassend informieren, die caritativen Aktivitäten beobachten und Anregungen geben, daneben aber auch in engem Austausch mit dem Erzbischof stehen. Ergänzend hierzu errichtete Fischer ein Diözesankomitee aus

Erster „Balkanexpress" fährt
von Berlin nach Konstantinopel

Jan. 1916

verschiedenen Orten des Erzbistums als „Korrespondenten des Diözesan-Ausschusses"[10], dessen Mitglieder er ebenfalls selbst berief. Indes kamen Ausschuss und Komitee offenbar kaum über das Gründungsstadium hinaus. Die Generalversammlung, die in jährlichem Turnus hatte zusammentreten sollen, traf sich nur einmal 1905;[11] die von Kardinal Fischer erhoffte Verbindung caritativer Aktivitäten blieb weiterhin Wunschdenken.

Erst im Umfeld der Gründung des Kölner Ortsverbandes intensivierten sich nun auch die Vorbereitungen zur Errichtung eines Kölner Diözesanverbandes. Sie wurden maßgeblich vorangetrieben

Diözesan-Caritastag in Köln am 27./28. Februar 1916 im Gürzenich

Gründung des Diözesan-Caritas-
verbandes für das Erzbistum Köln

27./28. FEBR. 1916

durch den nun tätigen Stadtcaritasverband. Dem Ausschuss zur Vorbereitung der Gründungsversammlung gehörten im Präsidium der Vorsitzende des Stadtcaritasverbandes Kortz, sein Stellvertreter Pfarrer Breuer sowie Schriftleiter August Löhr, Generalsekretär des Kölner Stadtcaritasverbandes, an. Zuvor hatte der Präsident des Deutschen Caritasverbandes Werthmann bereits seinen Bibliothekar Heinrich Auer nach Köln entsandt, der eine statistische Erhebung der caritativen Einrichtungen in der gesamten Erzdiözese Köln durchführen sollte. Auer erstellte eine Auflistung der Klöster, Krankenhäuser, „Krüppelheime", Seniorenheime und Fürsorgeheime.

Gründung Diözesan-Caritasverband

Schlussendlich konnte die Gründung des Caritasverbandes für das Erzbistum Köln vollzogen werden, als Schnittstelle und Dachverband der bereits gegründeten Caritasausschüsse, Orts- und Kreisverbände sowie caritativer katholischer Fachvereine. Die Errichtung fand statt im Rahmen eines Diözesan-Caritastages in Köln am 27./28. Februar 1916,[12] im Beisein des Kölner Kardinals und, ebenso wie die Gründung des Deutschen Caritasverbandes 19 Jahre zuvor, vor historischer Kulisse im Gürzenich. Anders als damals handelte es sich aber nicht um ein fröhliches Fest, wie die Schlussansprache des Kölner Erzbischofs Felix Kardinal v. Hartmann dokumentiert: „Einig sind wir in dem herzlichen aufrichtigen Mitleid mit den Nöten unserer Mitmenschen, einig in dem ernsten, opferwilligen, beharrlichen Streben, dieser [sic!] Not zu steuern, soviel wir vermögen. In dieser Hinsicht dürfen wir hoffen, eingetreten zu sein in die Fußstapfen unserer Vorfahren […], die ihre Stadt berühmt gemacht haben durch die zahlreichen Stiftungen barmherziger Nächstenliebe."[13] Sodann verwies er auf die Notwendigkeit zur Gründung eines Diözesan-Caritasverbandes: „… alle diese Anstalten und Vereine arbeiteten mehr oder weniger für sich – ohne enge Fühlung untereinander –, und doch garantiert ein planmäßiges Zusammenarbeiten einen viel größeren und sichereren Erfolg …"[14]

Auf dem Diözesantag wurden Anliegen verschiedener caritativer Bereiche besprochen; naturgemäß bezogen sich die Vorträge vornehmlich auf die kriegsbedingt veränderten Aufgaben der Caritas. Daneben nahm man eine Standortbestimmung der verbandlichen

Gürzenich: Spätgotischer Profanbau aus dem 15. Jahrhundert in der Kölner Altstadt. Er ist nach der Familie benannt, die ihn erbauen ließ, und diente überwiegend für Fest- und Tanzveranstaltungen. Überregional ist er auch durch die hier stattfindenden Karnevalssitzungen und die bis 1986 aufgeführten Konzerte des Gürzenich-Orchesters bekannt. Nach Kriegsbeschädigung im Zweiten Weltkrieg erfolgte eine Neugestaltung im Innern unter optischer Einbeziehung der Kirchenruine Alt St. Alban.

Gründung des Caritasverbandes für die Diözese Münster
JULI 1916

Gründungsdokumente
des Diözesan-Caritas-
verbandes in Köln
am 27./28. Februar 1916

Kirchlicher Anzeiger

für die Erzdiözese Cöln.

Nr. 6.   Cöln, den 15. März 1916.   **56. Jahrgang.**

Inhalt: Caritas-Organisation in der Erzdiöze. — Betr. vierte Kriegsanleihe. — Sacerdotem Josephum Schmelcher excommunicationem ipso facto incurrisse renuntiatur. — Betr. einheitliche Regelung der Feier besonderer militärischer Ereignisse. — Bischöfliche Visitation. — Fürsorge für kinderreiche Familien. — Unabkömmlichkeitserklärung der Geistlichen. — Erneuerung des Privilegs bez. der Missae de Requiem cum cantu. — Anmeldung der Theologiestudierenden der Erzdiözese Cöln. — Abgabestelle des „Kriegsausschusses" für Oele und Fette" für Oele zu kirchlichen Zwecken. — Betrifft persönliche Ortszulagen. — Einladung zur ordentlichen Mitgliederversammlung des Kirchlichen Versicherungsvereins gegen Haftpflicht auf Gegenseitigkeit zu Cöln. — Meßintentionen. — Binations-Stipendien. — Personalchronik.

Nr. 74. Caritas-Organisation in der Erzdiözese.

In Gemäßheit des einstimmigen Beschlusses der Fuldaer Bischofskonferenz vom vorigen Jahre soll eine umfassende Organisation aller caritativen Vereine, Anstalten und Einrichtungen für alle dem auf der Konferenz vertretenen Episkopate unterstellten Kirchensprengel alsbald in die Wege geleitet werden.

Gegenüber den säkularisierenden und radikalen Bestrebungen der modernen Zeit gilt es, einen schützenden Wall um die christliche Caritas aufzurichten durch Schaffung einer systematischen Organisation, was den engen Anschluß an die Leitung der heiligen Kirche, der von Gott gesetzten Hüterin der christlichen Güter, bedingt.

Diese Organisation soll nun so gegliedert werden, daß in den größeren Gemeinden mit zwei oder mehreren Pfarreien sogen. örtliche Caritasverbände gebildet werden als örtliche Zentralstellen für alle daselbst entstehenden oder bestehenden caritativen Vereine, Anstalten, Einrichtungen usw. Den Unterbau für die Ortszentrale werden Pfarrausschüsse abgeben müssen, d. h. engere, aus caritativ wirkenden Männern und Frauen unter Leitung der Pfarrer oder ihrer Stellvertreter bestehende Komitees, welche in jedem Pfarrort oder Pfarrektorat das caritative Arbeitsfeld in seinen Leistungen und Bedürfnissen überschauen und in den Beziehungen zur höheren Organisation vertreten. Die Bildung solcher lokalen Pfarrausschüsse soll unverzüglich von den Herren Pfarrern und Pfarrektoren in den Einzelgemeinden, sowohl auf dem Lande wie in der Stadt, veranlaßt werden. Behufs Gewinnung einer besseren Uebersicht sollen die Pfarr-

ausschüsse vorläufig jedoch nur dort in Frage kommen, wo es sich um Pfarrgemeinden von mehr als 8000 Seelen handelt. Wo größere Gemeinschaften nach Lage der Verhältnisse entstanden sind, die durch ihre Zusammengehörigkeit oder die gleichen Interessen ein moralisches Ganze bilden, also in allen größeren Stadtgemeinden mit mehr als einer Pfarre, in kleineren Städten mit den umgebenden Landgemeinden, oder selbst in ländlichen Bezirken, die durch günstige Lage oder wirtschaftliche Verhältnisse ein zusammenzufassendes Ganze bilden können, sollen diese eine für die betreffenden Bezirke geltende Ortszentrale erhalten als Zusammenschluß aller daselbst wirkenden caritativen Vereine, Gruppen, Abteilungen sonstiger Verbände usw. und als Vermittlungsorgan zum neu ins Leben gerufenen und von mir am Sonntag den 27. v. M. in der großen Caritasversammlung auf dem „Gürzenich" hierselbst feierlich für die ganze Erzdiözese proklamierten

Diözesanverband.

Derselbe wird das einigende Organ sämtlicher in unserem weit ausgedehnten Kirchensprengel bereits bestehenden oder noch zu gründenden Caritasveranstaltungen sein unter der unmittelbaren Oberaufsicht und Leitung des jeweiligen Oberhirten der Erzdiözese, wie es dem Geist unserer heiligen Kirche entspricht.

Als meinen Stellvertreter habe ich bis auf weiteres den hochwürdigsten Herrn Weihbischof Dr. Lausberg zum Vorsitzenden des

Diözesanverbandes Cöln

ernannt.

Caritas vor. Den zentralen Vortrag am Nachmittag hielt der katholische Sozialwissenschaftler Benedikt Schmittmann (1872–1939). Er referierte über „Soziale Hilfe im Dienste der Caritas". Am Nachmittag des zweiten Tages versammelten sich für die Caritas tätige Frauen. Die Vorsitzende des Vereins katholischer deutscher Lehrerinnen (VkdL) und Zentrumspolitikerin Christine Teusch – spätere erste Kultusministerin Nordrhein-Westfalens – fragte in ihrem Vortrag: „Welche Aufgaben erwachsen aus der Kriegszeit für die Caritasarbeit der Frau?" Leider ist, abgesehen von der Programmübersicht im Kirchlichen Anzeiger, nichts Weiteres über den Inhalt der Vorträge bekannt.

Schlacht um Verdun
FEBR.–DEZ. 1916

Aus der Gründungsveranstaltung heraus wurden neben einem vorläufigen Diözesanausschuss zur Erarbeitung von Satzung und Arbeitsrichtlinien sieben Kommissionen eingerichtet, welche die Arbeitsfähigkeit des Verbandes gewährleisten sollten.[15] Bemerkenswert ist daran, dass man von vornherein eine recht weitreichende Strukturierung der Caritasarbeit im Auge hatte. Dabei sollte zeitbedingt eine eigene Kommission „für private Kriegsfürsorge und Verkehr mit den Behörden" den vielfältigen Anforderungen der Kriegszeit Rechnung tragen. Die Einrichtung einer eigenen Kommission für „Propaganda" spiegelt wider, welche Bedeutung der Verband schon damals der Öffentlichkeitsarbeit beimaß.

Die Oberaufsicht über den Verband übernahm, gemäß der in Fulda vereinbarten Unterstellung unter den Ortsbischof, der Kölner Kardinal v. Hartmann. Zum Stellvertreter ernannte er Weihbischof Dr. Peter Joseph Lausberg, der damit zugleich Vorsitzender des Diözesan-Caritasverbandes wurde. Die Geschäftsführung übernahmen August Löhr, der bereits dem Vorstand des Stadtcaritasverbandes angehörte und, wie erwähnt, im Vorbereitungsausschuss an der Gründung mitgewirkt hatte, hauptamtlich sowie Pfarrer Albert Lenné nebenamtlich. Diese Doppelspitze sollte sich in den nächsten Jahren als nicht ganz einfach umsetzbar erweisen, da die Kompetenzbereiche der beiden Amtsinhaber nicht klar umrissen waren. Erst die Ernennung Lennés zum alleinigen Caritasdirektor klärte die Situation.

Weihbischof Dr. Peter Joseph Lausberg (1852–1922)

Selbstständig und dennoch verzahnt: Caritas auf allen Ebene

Damit waren nun zumindest in der Stadt Köln alle Organisationsebenen verbandlicher Caritas in ihren Grundstrukturen vorhanden: Initiativen der Pfarrausschüsse und lokaler Vereine wurden durch örtliche Zusammenschlüsse (hier: der Kölner Stadtcaritasverband) angeregt und koordiniert. Dieselbe Rolle übernahm der Diözesan-Caritasverband seinerseits für die Ortsverbände und regionale Fachvereine und -verbände, über dem wiederum der Deutsche Caritasverband in Freiburg stand. Diese Verbandsstruktur, in der die einzelnen Ebenen selbstständig arbeiten, aber dennoch miteinander verzahnt sind, zeigte sich als essentiell für eine funktionierende caritative Verbandsarbeit und die Koordination der verschiedenen caritativen Initiativen.

Prälat Dr. Albert Emil Lenné (1878–1958): 1916–1921 Diözesan-Caritasgeneralsekretär, 1921–1930 Direktor, 1922–1944 zusätzlich Diözesan-Caritasvorsitzender, danach von Kardinal Frings zum Ehrenvorsitzenden ernannt. Seit 1939 war er Leiter der Kirchlichen Kriegshilfestelle im Erzbistum Köln. Lenné war v. a. in der Kinderfürsorge engagiert und bewirkte mit seiner Expertise die Schwerpunktsetzung des Kölner Diözesan-Caritasverbandes in diesem Bereich. Zudem sicherte seine langjährige Mitgliedschaft im Zentralvorstand des Deutschen Caritasverbandes dem Kölner Diözesan-Caritasverband einen „kurzen Draht" zur Freiburger Zentrale.

Die Dechanten wurden vom Kölner Generalvikariat dazu aufgerufen, die Caritasausschüsse in den einzelnen Pfarreien zu fördern und dort, wo solche noch nicht existieren, entsprechende Gründungen anzuregen. Mitglied im Kölner Diözesanverband konnten grundsätzlich Anstalten, Einrichtungen, katholische Gemeinschaften sowie Vereine und Verbände sein, die damit gleichzeitig dem Deutschen Caritasverband angehörten. Einzelpersonen konnten dem Deutschen Caritasverband beitreten; im Diözesan-Caritasverband hatten sie lediglich beratende Stimme. Bis 1918 schlossen sich dem Kölner Diözesan-Caritasverband auf diese Weise 1.150 Mitglieder an.[16] Auch andere Diözesanverbände, die zunächst noch Privatpersonen zugelassen hatten, nahmen seit 1917 nur noch Anstalten, Vereine und Pfarreien als Mitglieder auf.[17]

Die ersten Jahre des Diözesan-Caritasverbandes waren von vielen Umzügen innerhalb der nördlichen Kölner Altstadt geprägt: Seinen ersten Sitz nahm der Caritasverband in der Eintrachtstraße. Noch im Gründungsjahr zog er in die Christophstraße 40, ebenfalls Sitz des Stadtcaritasverbandes, im Jahr 1918 in den Gereonshof 12, ab April 1919 befand er sich in der Steinfeldergasse 16. Wenige Monate später ging es (bis 1930) in die Brandenburger Straße. Dies macht deutlich, dass der Diözesan-Caritasverband, obgleich er sich bereits früh um Handlungsfähigkeit, v. a. durch Strukturierung der Arbeit in verschiedenen Kommissionen, bemühte, dabei keine Ortsgebundenheit erlangte.

Schwerpunkt in der Kinder- und Jugendfürsorge

Die nach der Verbandsgründung in der Erzdiözese Köln noch verbleibenden zweieinhalb Kriegsjahre waren im Kölner Diözesan-Caritasverband von der „Kinderhortbewegung" geprägt, die auch eine Antwort war auf die geänderten Anforderungen in der Kinder- und Jugendfürsorge infolge (kriegsbedingt) vermehrter Berufstätigkeit von Müttern. Landaufenthalte für Kinder aus sozial schwachen Familien der Städte und der Industriezentren der Erzdiözese wurden organisiert, die Gründung neuer Anstalten vorbereitet. Vier hauptamtliche Kräfte arbeiteten in diesem Bereich: 1916 konnten 8.465 Kinder, 1917 schon 20.561 Kinder vermittelt werden. Aktiv beteiligte sich der Kölner Diözesan-Caritasverband auch an der Gründung des „Verbandes katholischer Waisenhäuser".[18]

In indirektem Zusammenhang hiermit steht auch ein Aufruf des Diözesan-Caritasverbandes vom 15. Februar 1917 zur Bildung einer „Kriegsarbeitsgemeinschaft katholischer Frauenorganisationen für den Vaterländischen Hilfsdienst der Frauen" für die Dauer des Krieges.[19] Diese sollte Untersuchungen anstellen, zunächst über den prozentualen Anteil berufstätiger Frauen auf dem Arbeitsmarkt, sodann auch über die Auswirkungen auf das Familienleben und die daraus für die Ortscaritas erwachsenden Aufgaben. Die Aufgabe für den Diözesan-Caritasverband bestand hier einerseits in der Vernetzung der katholischen Frauenorganisationen, andererseits in der Vermittlung zwischen diesen und den Behörden. Die Umfrageergebnisse sollten dann u. a. Messlatte zur Errichtung neuer oder zum Ausbau vorhandener Kinderfürsorgeeinrichtungen sein. Insgesamt bildete die Kinder- und Jugendfürsorge, auch durch das Engagement von Albert Lenné als Vorsitzendem des Zentralverbandes katholischer Kinderhorte, den Schwerpunkt der verbandlichen Arbeit während der Kriegszeit.[20]

Problematisch war indes die Frage der Finanzierung der Verbandsarbeit. Für Vereine und Körperschaften hatte der Diözesan-Caritasverband in seiner Satzung einen jährlichen Mitgliedsbeitrag von 10 Mark veranschlagt; dieselbe Summe galt als Mindestbeitrag für Pfarreien bzw. Rektorate. Dies war ein eher geringer Betrag, bedenkt man, dass zu dieser Zeit trotz Inflation bspw. ein 1-kg-Schwarzbrot in Köln 39 Pfennige kostete.[22] Die Mitglieder hatten jedoch gerade durch die Beanspruchungen der Kriegszeit häufig selbst mit finanziellen Engpässen zu kämpfen. Schon im Vorfeld der Gründung des Kölner Diözesan-Caritasverbandes war im Kirchlichen Anzeiger der Erzdiözese Köln zu Spenden für caritative Einrichtungen aufgerufen worden, u. a. für den Mädchenschutzverein, die Vincenz- und die Elisabeth-Vereine oder das Zufluchtshaus in Köln-Bayenthal, in dem alleinstehende Mütter Unterkunft fanden. Die Erzbistumskasse unterstützte den Diözesan-Caritasverband daher durch Zuschüsse oder die Gewährung von Darlehen für Einzelprojekte, wie z. B. die Errichtung eines „Heimes für studierende Damen".[23] Allerdings führte dies auch finanziell zu einer gewissen Abhängigkeit von den kirchlichen Behörden, welche die Genehmigung für Caritas-Kollekten und -Haussammlungen wiederholt versagten.[24]

Codex Iuris Canonici (CIC)
tritt in Kraft

27. Mai 1917

Katholischer Caritas-Verband für die Erzdiözese Cöln.

CÖLN, 15. Februar 1917.
Christophstr. 40 I.
Fernspr. A 6152.

Kriegsarbeitsgemeinschaft kathol. Frauen-Organisationen für den Vaterländischen Hilfsdienst der Frauen.

Zur Erleichterung der vielfältigen Arbeiten für den Vaterländischen Hilfsdienst der Frauen ist auf Anregung und unter Leitung des Caritas-Verbandes **unserer Erzdiözese** jüngst unter den katholischen Frauenorganisationen eine „Kriegsarbeitsgemeinschaft" beschlossen worden. Für diese gilt folgender

Arbeitsplan.

Wo an einem Orte ein Caritas-Verband besteht, beruft dieser zu einer beratenden Versammlung die **Pfarrer, die weiblichen Ordensgenossenschaften** und die am Orte bestehenden katholischen **Frauen-Organisationen.** Wo aber ein Caritas-Verband noch nicht besteht, geht die Einladung zweck-mäßig von der **Geistlichkeit** aus. Die so berufene Versammlung entscheidet dann je nach den örtlichen Verhältnissen, wer am zweckmäßigsten bei der **Kriegsarbeitsgemeinschaft am Ort** die Führung über-nimmt, ob Caritas-Verband oder sonst eine geeignete Organisation. Bemerkt sei ausdrücklich, daß es sich bloß um eine Arbeitsgemeinschaft **auf Zeit,** das heißt für die Dauer des Krieges handelt. Auch geeignete Frauen, die bisher noch keiner Organisation angehören, sind für diesen vaterländischen Zweck mit allen Mitteln heranzuziehen. (Gutes Mittel, um sie dauernd für die katholische Bewegung zu gewinnen.)

Die Versammlung muß über folgende Punkte beraten:
1. In welchem Umfange sind die Frauen am Orte im öffentlichen Dienste tätig? (namentlich in der Her-stellung des Heeresbedarfs, in der Munitionsindustrie, in öffentlichen Verkehrsanstalten, Post, Eisen-bahn, Straßenbahn usw.)
2. Welche Schäden erwachsen daraus für das Familienleben, insbesondere die Pflege und Erziehung der Kinder?
3. Welche Aufgaben ergeben sich daraus für die katholische Caritas am Orte?
   a) Sorge für Säuglinge und Kleinkinder: Beratung der Mütter in ihrer Sorge für die Kinder, Unter-bringung der Kinder in Familien oder Krippen, Bewahrschulen und Kindergärten.
   b) Schutz und Verpflegung aufsichtsloser Schulkinder: Familienpflege, Kinderhorte.
   c) Pflege der Religion und Sittlichkeit unter den jugendlichen Arbeiterinnen: Abstellung von Miß-ständen, wenn nötig durch Inanspruchnahme staatlicher oder militärischer Behörden, Einrichtung von Heimen und Schlafstätten, Unterweisung über Standespflichten und Standesfragen in den Kongregationen und Standesvereinen, Gewinnung von Hilfskräften (Vertrauenspersonen aus den Reihen der Arbeiterinnen), Anstellung von Aufsichtspersonen, Sorge für Lektüre und Erholung der Arbeiterinnen usw.

Das Kriegsamt in Berlin, wie auch die Kriegsamtsstellen beim stellvertr. Generalkommando des VIII. Armeekorps in Coblenz haben ausdrücklich die tätige Mitarbeit der katholischen Frauen-Organisationen erbeten.

Ehrensache der katholischen Frauen ist es darum, alle zur Verfügung stehenden Kräfte und Mittel für das vaterländische Werk bereit zu stellen. Dazu bedarf es höchster Opferwilligkeit jeder Einzelnen und Anschluß an eine ähnlich gebildete **örtliche** „Kriegsarbeitsgemeinschaft", wie sie oben für die Erzdiözese dargelegt wurde.

Es sei hier nachdrücklich der möglichst zahlreiche Bezug der „Caritasstimmen" und zwar die Aus-gabe für den „Diözesan-Caritas-Verband Cöln" (herausgegeben vom Zentralvorstand des Caritas-Verbandes für das Kath. Deutschland zu dem Jahrespreis von 1 Mark bei jährlich sechsmaligem Erscheinen) empfohlen. Die jüngst von Freiburg aus unmittelbar an die einzelnen Pfarreien und caritativen Einrichtungen geschickte Probenummer I dürfte inzwischen in aller Händen sein.

Der Vorsitzende:

Dr. Lausberg, Weihbischof.

Ebenso wie in der Erzdiözese Köln hatten sich im Laufe des Krieges in fast allen deutschen Bistümern Diözesan-Caritasverbände gegründet: bereits 1915 in Paderborn, 1916 ebenfalls in Münster, Osnabrück und Trier, 1917 in Fulda und 1918 in Rottenburg. Bei Kriegsende hatte sich die verbandliche Caritas auf örtlicher und diözesaner Ebene in ihren Grundstrukturen ausgebildet; mit dem Kriegsende 1918 wartete in-des die nächste „Bewährungsprobe" auf den jungen Verband.

*„Kaiser-Glocke" des Kölner Domes
wird eingeschmolzen*

FRÜHJAHR 1918

[1] Vgl. Hegel, v. Hartmann, S. 286–289; Scheidgen, Bischöfe, S. 70–89.

[2] Vgl. Mergel, Stressgesellschaften, S. 202.

[3] Zum Umfang des Einsatzes von Ordensgemeinschaften hatte der Deutsche Caritasverband bereits 1915 eine Umfrage unter Ordenshäusern angestellt, in: AEK, CR I 25.14,6.

[4] Vgl. Noppel, Denkschrift.

[5] Vgl. Brzosa, Caritasverband, S. 329–330.

[6] Vgl. Scheidgen/Bodewein/Krücker, Chronik, S. 33–34.

[7] Ebda., S. 35–36.

[8] Brzosa, Caritasverband, S. 330.

[9] Erlass, in: KA vom 17. Januar 1904.

[10] Ebda.

[11] Vgl. Brzosa, Caritasverband, S. 333.

[12] AEK, CR I 22.31,2; Abdruck des Programmes, in: KA vom 15. Februar 1916; vgl. auch Lakemeier, Chronik, S. 13–17; die Verbandsgründung wurde in der nächsten Ausgabe des KA bekanntgegeben: KA vom 15. März 1916.

[13] Zit. nach Lakemeier, Chronik, S. 13.

[14] Ebda.

[15] „Zur Neugestaltung des Kölner Diözesan-Caritasverbandes" v. 2. Januar 1921, in: AEK, CR II 22.31a,1.

[16] Statistik, in: Kirchliches Handbuch 1918/19, S. 238–239.

[17] Vgl. Kirchliches Handbuch 1918/19, S. 177.

[18] Bericht des Diözesan-Caritasverbandes von 1916/17, zit. nach Lakemeier, Chronik, S. 16–17.

[19] Aufruf, in: ADCV, 125.50 Faszikel 01.

[20] Vgl. Lakemeier, Chronik, S. 21.

[21] Etat, in: KA vom 15. Dezember 1916.

[22] Die Angabe bezieht sich auf das Jahr 1918; vgl. Kellenbenz, Kölner Wirtschaft, S. 459.

[23] Etat (Entwurf) 1918, der einen Zuschuss des Erzbischofs über 8.000 Mark nennt, in: ADiCV, Bestand I 120; Schreiben der Erzbischöflichen Vermögensverwaltung an den Diözesan-Caritasverband vom 8. Februar 1921, in: AEK, CR I 22.31,3 (2).

[24] Schriftwechsel zwischen Diözesan-Caritasverband und Generalvikariat 1925, in: AEK, CR I, 22.31,3 (2).

„… hält die Synode an der dauernden Notwendigkeit und an dem Recht auf volle Freiheit für die kirchliche Karitas fest."

Aus dem III. Caritas-Dekret
der Diözesansynode von 1922

DIE KÖLNER DIÖZESANSYNODE IN ZEITEN VON HYPERINFLATION UND SOZIALER NOT

Kapitel

2

Im Herbst 1918 war der Erste Weltkrieg für Deutschland verloren. Die Reichsregierung sah sich genötigt, ein Waffenstillstandsabkommen mit den Alliierten zu schließen, eine Maßnahme, die die deutsche Bevölkerung, die trotz Kriegsmüdigkeit weiterhin an einen deutschen Sieg geglaubt hatte, völlig unvorbereitet traf. Auch der im darauffolgenden Jahr am 28. Juni unterzeichnete „Versailler Vertrag" wurde von den Deutschen v. a. durch die Feststellung der alleinigen Kriegsschuld Deutschlands („Kriegsschuldartikel", Art. 231) sowie die daraus gefolgerten umfassenden Gebietsabtretungen und hohen Reparationsforderungen als überaus hart und demütigend empfunden.

Eupen und Malmedy:
Die südlich von Aachen gelegenen deutschen Landkreise wurden nach dem Friedensschluss an Belgien angegliedert. Kurz darauf erfolgte auch die Abtrennung vom Erzbistum Köln, zunächst als eigenständiges Bistum Eupen und Malmedy; wenige Jahre später (1925) kam es schließlich zum Anschluss an die Diözese Lüttich. Auf diese Weise verlor das Erzbistum drei Dekanate mit 42 Pfarreien und über 60.000 Katholiken.

Das Erzbistum Köln war von den Bestimmungen des Friedensvertrages in mehrfacher Hinsicht betroffen. Zum einen schlossen die festgelegten deutschen Gebietsverluste die Landkreise Eupen und Malmedy im Westen der Erzdiözese ein, die nun zu Belgien gehörten. Aufgrund dessen kam es 1920/21 auch zur kirchlichen Abtrennung der Gebiete von der Kölner Diözese.[1] Zum anderen wurden bereits mit Kriegsende 1918 große Teile des Erzbistums Köln, darunter die Städte Köln und Aachen sowie das linksrheinische Umland, von den alliierten Siegermächten besetzt: Belgische Truppen rückten in Aachen ein, britische in Köln und französische Besatzer im Gefolge der Briten 1919 ins Linksrheinische. Erst in den Jahren 1926/30 sollte die Besatzungszeit enden.[2]

Besatzungszeit im Erzbistum Köln

Dies verstärkte die Not in den betroffenen Gebieten zusätzlich, denn die Wirtschaft in Deutschland war weitgehend zusammengebrochen; die Geldentwertung nahm stetig zu. Die Versorgungslage war, auch durch Missernten und die nach dem Waffenstillstand zunächst andauernde Lebensmittelblockade, katastrophal. Betroffen waren v. a. Kinder und Rentner. Zusätzlich mussten nun die Besatzungsmächte mitversorgt werden, was zu Unmut unter der Bevölkerung führte. Auch die Demobilisierung brachte Probleme mit sich. Schon vor Kriegsbeginn hatte etwa in der Stadt Köln akute Wohnungsnot geherrscht; die zurückkehrenden Soldaten, von denen sich viele im städtischen Bereich niederließen, verschärften die Lage, besonders da auch die Besatzungstruppen untergebracht werden

Waffenstillstand von Compiègne
11. Nov. 1918

Britische Soldaten
auf der Domplatte, 1918

mussten. Auch die Reintegration der ehemaligen Soldaten in Arbeitsmarkt und Gesellschaft bedeutete eine große soziale Herausforderung.

Es gab also für den neu gegründeten Kölner Diözesan-Caritasverband viel zu tun: Armut, Kriegswaisen und Lebensmittelknappheit verlangten konkrete und koordinierte Aktivitäten. Zur Koordination der Hilfsmaßnahmen trat 1920 der „vorläufige Diözesanausschuss" (siehe Kapitel 1) zusammen, unter Beteiligung verschiedener Fachverbände und Vereine wie dem Diözesanverband der Vincenz- und Elisabeth-Konferenzen. Aus ihm heraus erfolgte die Bildung eines Verteilungsausschusses, der sich um die Beschaffung und gerechte Verteilung von Lebensmitteln und anderen wichtigen Alltagsdingen kümmerte.[3] Der Verteilungsausschuss organisierte bspw. die Verteilung aus dem Ausland gespendeter „Liebesgaben". Eine Liste über

Gründung der Deutschen Arbeiterpartei
(DAP) in München (ab 1920: NSDAP)

JAN. 1919

Hugo Taepper (1880–1943),
Diözesan-Caritasdirektor
1919–1921

„Amerikanische Liebesgaben" wies bis zum 1. Oktober 1920 eine Gesamtsumme von über 220.000 Mark aus. Auch die erzbischöflichen Behörden überwiesen dem Kölner Diözesan-Caritasverband 50.000 Mark „zur Verteilung für arme deutsche Kinder"[4]. Überdies fand im Winter 1920/21 eine Lebensmittelsammlung innerhalb der Erzdiözese statt. Sie erbrachte eine Summe von 15.000 Mark – entsprechend in etwa dem Lebensbedarf, den eine vierköpfige Familie für acht Wochen benötigte, darüber hinaus zahlreiche Lebensmittel, u. a. über 1.600 Zentner Kartoffeln und rund 4.500 Schwarz- und Weißbrote.[5]

Zentrales Anliegen des Kölner Diözesan-Caritasverbandes war daneben weiterhin die Kinderfürsorge. Insbesondere Generalsekretär Lenné, gleichzeitig Vorsitzender des Zentralverbandes der katholischen Kinderhorte und Kinderbewahranstalten Deutschlands, setzte sich nachhaltig für das Problem mangelernährter und erholungsbedürftiger (Stadt-)Kinder und deren Unterbringung auf dem Land ein.[6] Zu diesem Zweck beteiligte sich der Diözesan-Caritasverband auch 1920 (gemeinsam mit den Diözesanverbänden für Paderborn und Münster) am Kauf eines Kinderheimes auf der Insel Norderney. Hier standen für Kölner Kinder 40 Plätze zur Verfügung.[7] Unterstützung erfuhr der Verband ebenfalls durch Kardinal v. Hartmann, der sich mit einem Aufruf im Kirchlichen Anzeiger an die Landbevölkerung wandte.[8]

Zugleich kam es 1919 zu einem personellen Wechsel an der Spitze des Diözesan-Caritasverbandes, bei dem sich das Fehlen einer Satzung bemerkbar machte: Nach der Abberufung von Generalsekretär August Löhr als Pfarrer nach Geistingen/Sieg hatte Kardinal v. Hartmann Hugo Taepper, Kaplan an St. Maria Himmelfahrt in Köln und Diözesanpräses der Jungfrauenvereine, zum „Diözesan-Caritasdirektor" berufen. Da Lenné weiterhin als „Generalsekretär" fungierte, kam es durch die nicht festgelegte Rangfolge der beiden Geschäftsführer wiederholt zu Unstimmigkeiten, die erst 1921 durch den Rücktritt Taeppers und die folgende Ernennung Lennés zum alleinigen „Diözesan-Caritasdirektor" gelöst werden konnten.[9] Im folgenden Jahr, nach dem Tod von Weihbischof Lausberg, erfolgte zusätzlich Lennés Ernennung zum ersten Vorsitzenden des Diözesan-Caritasverbandes. Dies stellte eine erhebliche Belas-

Eröffnung der Verfassunggebenden
Nationalversammlung in Weimar
FEBR. 1919

tung dar für den auch außerhalb der diözesanen Verbandsarbeit und Pfarrseelsorge, etwa im Zentralvorstand des Deutschen Caritasverbandes sowie als Sachverständiger bei der Vorbereitung des Jugendwohlfahrtsgesetzes mitwirkenden Priester. In seinen vielfältigen Aufgaben unterstützt wurde Lenné seit 1922 durch einen – häufiger wechselnden – Diözesan-Caritassekretär; eine Position, die erst nach dem Zweiten Weltkrieg genauer definiert werden sollte (siehe Kapitel 7).[10]

Neuer Kölner Erzbischof Karl Joseph Schulte

Auch an der Spitze des Erzbistums hatte sich eine Veränderung ergeben: Nach dem Tod von Kardinal v. Hartmann im November 1919 war der bisherige Paderborner Bischof Karl Joseph Schulte (1871–1941) Anfang 1920 zum neuen Kölner Erzbischof gewählt und bereits ein Jahr später in den Kardinalsstand erhoben worden.[11] Der Sauerländer Schulte hatte sich in Paderborn als bescheidener, aber tatkräftiger und umsichtiger Oberhirte einen Namen gemacht. Neben seiner bereits erwähnten Rolle im „Gewerkschaftsstreit" (siehe Einleitung) ist hier v. a. die vorbildhafte Einrichtung einer „Kriegshilfestelle" 1915 als Nachforschungsstelle für Vermisste des Ersten Weltkrieges zu nennen. Der neue Erzbischof erkannte die Wichtigkeit einer organisierten Caritasarbeit und unterstützte sie auch durch verschiedene Hilfeaufrufe, etwa zur „Not der kirchlichen karitativen Anstalten", die sich durch die desaströse Versorgungslage, gepaart mit der fortschreitenden Inflation, zunehmend in ihrer Existenz bedroht sahen.[12] Die Verteilung der schließlich vom Staat gewährten „Reichszuschüsse" an die Anstalten übernahm der Diözesan-Caritasverband.[13] Im Winter 1922/23 beauftragte der Kardinal den Diözesan-Caritasverband ebenso mit einer „Altmaterial-Sammlung für caritative Zwecke"[14]. Die Aktion wurde in den meisten deutschen Diözesen durchgeführt. Es sollten alle Arten von Lumpen und Altpapier zur Wiederverwertung bzw. -verwendung gesammelt werden.

Schulte war es auch, der die im neuen kirchlichen Gesetzeswerk (Codex Iuris Canonici [CIC]) geforderte Neubelebung einer Synode[15] auf Bistumsebene in Angriff nahm. Bereits kurz nach seiner Erhebung zum Erzbischof hatte Schulte die Notwendigkeit einer solchen Zusammenkunft zur Klärung drängender innerkirchlicher Fragen

Kölner Erzbischof
Karl Joseph Schulte
(1871–1941)

Einführung des allgemeinen
Frauenwahlrechts in den USA

AUG. 1920

Diözesansynode: Die Diözesansynode ist eine Kirchenversammlung auf Bistumsebene, die als Beratungsorgan des Bischofs von diesem einberufen und geleitet wird. In den vorausgegangenen Jahrhunderten war sie durch die Fokussierung der Kirche auf Rom (Zentralisierung) zunehmend „aus der Mode" gekommen; die letzte Kölner Synode hatte 1662 stattgefunden. Teilnehmen durften bis in die 1960er-Jahre nur Priester. Die alleinige gesetzgebende Gewalt lag beim Bischof.

erkannt. 1920 und 1921 berief er daher zunächst zwei Diözesankonferenzen ein, ein Forum, das er zuvor bereits als Oberhirte in Paderborn eingeführt hatte. Die Konferenzen sollten die Diözesansynode vorbereiten; zu diesem Zweck wurden auch zehn thematisch gegliederte Kommissionen eingerichtet, u. a. zu Fragen betreffend Priester, Schule, Seelsorge, Vereine, Liturgie, Kunst und Verwaltung. Besonders beachtenswert ist in diesem Zusammenhang die Einrichtung einer eigenen „Caritas-Kommission" bzw. „Kommission für Wohlfahrtspflege", deren Vorsitz Weihbischof Lausberg als Vorsitzender des Diözesan-Caritasverbandes innehatte. Ihr gehörten u. a. auch Caritasdirektor Albert Lenné sowie der Pfarrer und ehemalige Diözesan-Caritasgeneralsekretär August Löhr an. In seiner Begrüßungsansprache zur ersten Kommissionssitzung wies der Weihbischof denn auch „auf die Bedeutung der Beratungen hin, die schon dadurch zum Ausdruck kämen, dass man der Caritas eine eigene Beratungskommission … bewilligt habe"[16]. Die Caritas-Kommission erarbeitete im Verlauf des nächsten Jahres „Leitsätze zu verschiedenen caritativen Einzelthemen" und sprach sich etwa für eine stärkere Einbeziehung der Pfarrgemeinden als „Caritas von unten" in der verbandlichen Caritas aus. Neben weiteren Themen, u. a. zur Verbesserung der Fürsorgearbeit, regte sie konkret etwa eine verbesserte technische Ausbildung und eine Beschränkung der Arbeitszeiten in der Krankenpflege an. Die Leitsätze wurden zusammengefasst und, gemeinsam mit den Themen der anderen Kommissionen, in gedruckter Form („Schema Decretorum") der Synode übergeben.[17]

Die schließlich einberufene Kölner Diözesansynode fand vom 10. bis 12. Oktober 1922 im Kölner Priesterseminar statt.[18] Auf dieser wurden in den verschiedenen, von den Kommissionen vorbereiteten Bereichen Dekrete beschlossen und zum 1. Januar 1923 von Kardinal Schulte in Kraft gesetzt. Hierunter befanden sich auch Dekrete zur Caritasarbeit, die insbesondere die Bedeutung der ehrenamtlichen Tätigkeit betonten. Des Weiteren sollte der Ausbau der Caritasorganisation „von unten" auf Pfarr- und Orts- bzw. Kreisebene vorangetrieben werden: Alle Pfarreien wurden angehalten, Caritasausschüsse unter Vorsitz des Pfarrers zu bilden und die Zusammenarbeit mit Fachverbänden zu verstärken. Die Verbindung und Koordination all dieser Ausschüsse, Verbände und Einrichtungen sollte

„Deutschlandlied" wird Nationalhymne

SEPT. 1922

dem Diözesan-Caritasverband obliegen.[19] Ein weiterer Beschluss befasste sich mit dem Verhältnis von öffentlicher und konfessioneller Wohlfahrtspflege und stellte die „dauernde … Notwendigkeit" sowie das „Recht auf volle Freiheit für die kirchliche Karitas"[20] fest. Zuletzt wurden die „besonders dringliche[n] Einzelaufgaben"[21] der Caritas definiert; neben der Haus- und Familienpflege lag hier der Schwerpunkt besonders auf der Kinder- und Jugendfürsorge; weitere Fürsorge-Zielgruppen sollten sein: Arme, Kranke, Strafgefangene und deutsche Auswanderer.[22]

Auswirkungen der Diözesansynode

Zur Umsetzung der Caritas-Dekrete veröffentlichte der Kirchliche Anzeiger im März 1923 einen Erlass von Caritasdirektor Lenné, der sich – wie erwartet – v. a. auf den Ausbau der Pfarrcaritas konzentrierte: Pfarreien sollten in ihrem jährlichen Haushalt auch Mittel für die Caritas bereitstellen und Pfarrer dem Diözesan-Caritasverband alle neu errichteten Pfarrcaritasausschüsse mitteilen. Ferner wurden die jährlichen Mitgliedsbeiträge des Verbandes festgelegt: Pfarreien bis 1.000 Seelen sollten 500 Mark, für je 1.000 weitere Seelen 250 Mark zusätzlich entrichten, caritative Anstalten und Vereine bzw. Verbände je nach Größe 500–5.000 Mark.[23] Dies entsprach einer Preissteigerung um das Fünfzigfache, vergleicht man die Mitgliedsbeiträge mit denen aus dem Jahr 1917 (siehe Kapitel 1). Dennoch erscheint die Festlegung eines fixen Geldbetrages im Frühjahr 1923 gewagt oder sogar wahnwitzig angesichts der galoppierenden Inflation, die jede finanzielle Transaktion über den Tag hinaus unmöglich machte. Inwiefern bzw. in welcher Form es vor der Währungsreform vom Herbst 1923 zur Zahlung von Beiträgen an den Caritasverband kam, ist allerdings nicht überliefert.

Krisenjahr 1923

In der Folgezeit war die Arbeit der Caritas dringender denn je gefragt. Die sich immer mehr verschärfende Wirtschaftskrise, die ihren ersten Höhepunkt im „Krisenjahr 1923"[24] fand, führte zu einer deutlich größeren Zahl von Bedürftigen. Die öffentliche Fürsorge war angesichts dieser Entwicklung außerstande, den Missständen allein entgegenzuwirken. Hinzu kam der „Ruhrkampf": Geldzahlungen und Sachleistungen in exorbitanter Höhe flossen in das seit Januar 1923

Papst Pius XI. ruft zum Überdenken der deutschen Reparationsverpflichtungen auf

JUNI 1923

„Ruhrkampf":
Aufgrund nicht gezahlter Reparationen besetzten französische und belgische Truppen 1923 das gesamte Ruhrgebiet. Es kam zur Sabotage und zum passiven Widerstand seitens der Ruhrarbeiter. Verhaftungen, Ausweisungen und Betriebsschließungen waren die Folge; der wirtschaftliche Schaden war enorm. Schließlich zogen die französischen und belgischen Truppen auf Drängen der USA und Großbritanniens 1924 vollständig ab.

von französischen und belgischen Truppen besetzte Ruhrgebiet. Die Steuerbeträge aus dem besetzten Gebiet fielen weg, Kohlelieferungen blieben aus. In dieser Situation nahm die Zahl der Auswanderer aus der Erzdiözese deutlich zu, v. a. Richtung USA. Der katholische Raphaelsverein, bereits im 19. Jahrhundert zum Schutz deutscher katholischer Auswanderer gegründet und korporatives Mitglied im Diözesan-Caritasverband, nahm sich der Flut der Auswandernden an und informierte sie insbesondere über die wirtschaftlichen und religiösen Verhältnisse im Zielland.[25]

Die junge Republik schien bereits am Ende angekommen zu sein. Die soziale Not war, verstärkt durch die fortschreitende Inflation und Arbeitslosigkeit, immens. Im Oktober 1923 richtete Kardinal Schulte einen „Hilferuf an die Katholiken des Auslandes". In diesem Appell bat Schulte vor dem Hintergrund der „grauenvollen Hungersnot" v. a. um Lebensmittel für die großen Städte und Industriezentren. Je kälter es werde, desto dringender seien Kleidung und Kohle vonnöten. Die Bischöfe der Diözesen Münster, Paderborn, Limburg, Speyer, Mainz und Trier schlossen sich dem „spontanen Schmerzensschrei"[26] an. Eine leichte Entspannung der Lage gelang erst mit der Währungsreform – der Einführung der Rentenmark bzw. Reichsmark im Herbst und Winter 1923/24.

In diesen Notzeiten schritt jedoch der Aufbau des Diözesan-Caritasverbandes dank der Beschlüsse der Diözesansynode weiter voran: Im Herbst 1923 hatten sich auf seinem Gebiet bereits 53 örtliche Caritasvertretungen gebildet, von denen elf als Caritas-Sekretariate formiert waren.[27]

---

[1]   Vgl. Heilbronn, Erzdiözese Köln, S. 31–46; Jousten, Eupen-Malmedy.

[2]   Vgl. Limburger, Rheinlandbesetzung.

[3]   AEK, CR I 22.31,2; Denkschrift Lennés „Zur Neugestaltung des Kölner Diözesan-Caritasverbandes", in: ADiCV, Bestand I 120.

[4]   AEK, CR I 22.31,2.

[5]   Vgl. Lakemeier, Chronik, S. 26. – Bei der Vergleichsrechnung handelt es sich um den geschätzten Mittelwert des Bedarfs einer Durchschnittsfamilie im Frühjahr 1921 (Dez. 1920: 1.681 Mark; Dez. 1921: 2.721 Mark); vgl. Kellenbenz, Kölner Wirtschaft, S. 459–460.

[6]   Zur Unterbringung erholungsbedürftiger Kinder, u. a. des Ruhrgebietes, auf dem Land: AEK, CR I 22.31,3 (1).

[7] ADiCV, Bestand I 207.

[8] KA vom 15. Februar 1918.

[9] Ernennung Taeppers und Schriftwechsel zur Auseinandersetzung zwischen Lenné und Taepper, in: AEK, CR I 22.31,2.

[10] Vgl. Lakemeier, Chronik, S. 31.

[11] Zum Folgenden vgl. v. Hehl, Schulte, S. 61–73.

[12] Im KA vom 15. Oktober 1922 bat Kardinal Schulte u. a. die Landbevölkerung um die Übernahme von Patenschaften (gemeint ist Unterstützung in der Versorgung) für notleidende Anstalten.

[13] Hilfsaktion und „Verteilung der Reichsvorschüsse", in: AEK, CR I 22.31,3 (1).

[14] AEK, CR I 22.31,3 (1).

[15] Zur Diözesansynode vgl. Hegel, Erzbistum Köln, Band V, S. 178–181.

[16] Sitzungsprotokoll vom 29.12.1921, in: AEK, DA Lenné 79.

[17] Schema Decretorum und Vorarbeiten, in: AEK, DA Lenné 79.

[18] Die Ankündigung erfolgte durch Kardinal Schulte im KA vom 1. Dezember 1921; Vorbereitung und Durchführung der Synode, in: AEK, Gen. I 5.4a,1 und 2.

[19] Vgl. Diözesansynode 1922, S. 64–65.

[20] Ebda., S. 65.

[21] Ebda., S. 66.

[22] Entwürfe und Beschlussvorlagen, in: ADiCV, Bestand I 236.

[23] Erlass, in: KA vom 12. März 1923 (Nr. 71).

[24] Limburger, Rheinlandbesetzung, S. 111–112.

[25] Vgl. Brzosa, Düsseldorf, S. 423–427.

[26] Lakemeier, Chronik, S. 37.

[27] Aufstellung bei Splett, Chronik, S. 38–40.

„… die Werke der Caritas innerhalb des Kölner Erzbistums sachkundig anzuregen und planmäßig zu fördern …"

§ 2 der Satzung des Diözesan-Caritasverbandes, 1926

VON DEN „GOLDENEN ZWANZIGERN" ZUM ENDE DER REPUBLIK

Kapitel 3

**Heinrich Brauns
(1868–1939):** 1890 Priesterweihe, Teilnahme an
der Nationalversammlung,
Mitglied des Reichstages
(Zentrumspartei), 1920–1928
Reichsarbeitsminister.
Schon früh interessierte sich
der Sohn einer Kölner Arbei-
terfamilie für die Arbeiterfra-
ge. Sein Engagement für die
christliche Gewerkschafts-
bewegung führte ihn auch
zum „Volksverein für das
katholische Deutschland".
Die sozialpolitischen Errun-
genschaften der Weimarer
Republik, „Grundsätze der
sozialen Sicherung"[4], sind
untrennbar mit dem Namen
Brauns verbunden.

An die Währungsreform von 1923 schloss sich eine Phase der relativen politischen und wirtschaftlichen Konsolidierung an, die gleichzeitig eine Blütezeit des kulturellen und wissenschaftlichen Lebens in Deutschland war. Daher rührt auch der gern verwendete Begriff der „Goldenen Zwanziger (Jahre)".

Die erste deutsche Demokratie, mit den sozialpolitisch interessierten und engagierten Parteien SPD und Zentrum, hatte grundlegende Verbesserungen der Rahmenbedingungen für die Wohlfahrtspflege gebracht. Mit dem neu geschaffenen Reichsministerium für Arbeit als Zentralbehörde staatlicher Sozialpolitik untermauerten die regierenden Parteien ihre Auffassung einer „öffentlich-rechtlichen Fürsorgepflicht"[1] für Bedürftige. An der Spitze des Reichsarbeitsministeriums stand seit 1920 Heinrich Brauns[2], katholischer Geistlicher und Zentrumspolitiker. Er zeichnete verantwortlich für eine Reihe sozialpolitischer Maßnahmen, darunter das Reichsjugendwohlfahrtsgesetz (1922), an dessen Ausarbeitung auch Caritasdirektor Lenné beteiligt gewesen war, und die Fürsorgepflichtverordnung (1924), die beide eine Neuordnung der öffentlichen Fürsorge (mit der Gründung von Jugend- und Wohlfahrtsämtern) bezweckten, sowie die Einführung der Arbeitslosenversicherung (1927).[3]

Öffentliche und freie Wohlfahrtspflege

Das staatliche soziale Engagement führte in zweiter Linie zur Notwendigkeit einer Abgrenzung von öffentlicher und freier Wohlfahrtspflege, da letztere sich nun gegenüber den öffentlich-rechtlichen Behörden in ihrer Existenz gefährdet sahen. Das Verhältnis zwischen den Wohlfahrtsträgern wurde auf Betreiben Brauns', der diese Gefahr erkannte, durch das sog. Subsidiaritätsprinzip geregelt, das besagt, dass die öffentliche Wohlfahrt da, wo bereits andere Wohlfahrtsträger aktiv seien, keine eigenen Einrichtungen schaffen solle. Die Kooperation der freien und der öffentlichen Wohlfahrtsverbände konnte so deutlich verbessert werden.

Der relativen wirtschaftlichen Stabilisierung zum Trotz wuchs die Arbeitslosigkeit nach kurzer Erholung seit 1923/24 wieder stetig. Waren in der Stadt Köln bis 1922 rund 6.000 Menschen arbeitslos gewesen, so stieg ihre Zahl bis 1926 auf über 40.000.[5] Gleichzeitig

*In Köln-Müngersdorf eröffnet das damals
größte Stadion Deutschlands (80.000 Plätze)*

SEPT. 1923

gelang es auf politischer Ebene nicht, die Republik auf eine tragfähige, krisenfeste Basis zu stellen.

In dieser Situation kam es Ende Oktober 1929 zum Börsenkrach in New York, der eine Weltwirtschaftskrise auslöste. Der Zusammenbruch des Aktienmarktes und seine Folgen trafen die labile deutsche Wirtschaft besonders hart; die Zahl der Arbeitslosen stieg erneut sprunghaft an. In Köln etwa verdoppelte sie sich von 1926 bis 1931 auf etwa 80.000. Gemessen an der Bevölkerung (rund 700.000), in der ungefähr jeder Zweite hauptberuflich arbeitete, entsprach dies einem Prozentsatz von ca. 23 %.[6] Damit lag die Stadt Köln in etwa im Reichsdurchschnitt. Die soziale Not ging mit politischer Instabilität einher. Es kam zu einer Radikalisierung; in zunehmendem Maße dominierten demokratiefeindliche Kräfte wie KPD und NSDAP den Reichstag. Die bürgerlichen Parteien der Mitte (SPD, Zentrum, DDP) verloren an politischem Einfluss.

Die steigenden Arbeitslosenzahlen belasteten auch die Wohlfahrtspflege über die Maßen. Immer mehr Hilfsbedürftige waren von ihr abhängig. Der Kölner Oberbürgermeister Konrad Adenauer analysierte die Problemlage 1930 wie folgt: „… es handelt sich heute vorwiegend um die … Opfer wirtschaftlicher und politischer Krisen, die in wirtschaftlich normalen Zeiten niemals auf öffentliche Hilfe angewiesen wären: um Kleinrentner, Sozialrentner, selbständige Handwerker und Gewerbetreibende, deren Betriebe sich nicht mehr halten konnten, v. a. aber um die arbeitsfähigen Erwerbslosen jeder Altersstufe und aller Berufe, soweit sie keinen Anspruch auf die Arbeitslosenversicherung haben."[7]

Die Kernaufgaben des Caritasverbandes

Wie aber ging der Caritasverband mit der alarmierenden Situation um? Wo war er besonders gefragt? Der Tätigkeitsbericht des Jahres 1925 deutet den weitgefächerten Aktionsrahmen des Diözesan-Caritasverbandes an, scheinbar ohne Fokussierung auf einen bestimmten Bereich.[8] Von grundsätzlicher Bedeutung waren v. a. die Kontaktpflege und Zusammenarbeit mit öffentlichen Behörden und nicht-katholischen Wohlfahrtsverbänden. Intensiv betätigte sich die Geschäftsstelle auch in der Weiterbildung seiner Mitglieder, u. a. zur neuen Fürsorge-

Freie Wohlfahrt: Seit Beginn der Weimarer Republik waren neben den Caritasverband und die evangelische Innere Mission weitere freie, in der Mehrheit nichtkonfessionelle Wohlfahrtsorganisationen getreten: die Zentralwohlfahrtsstelle der deutschen Juden (bereits 1917), die (sozialdemokratische) Arbeiterwohlfahrt (1919), das Deutsche Rote Kreuz, die Christliche Arbeiterhilfe (beide 1921) sowie der Deutsche Paritätische Wohlfahrtsverband (1924). Mit Ausnahme der Arbeiterwohlfahrt schlossen sich diese neu errichteten Verbände mit den beiden konfessionellen Verbänden 1924 zur „Deutschen Liga der freien Wohlfahrtspflege" zusammen. Im Jahr 1926 erfolgte die staatliche Anerkennung der einzelnen Spitzenverbände.

Die USA bewilligen 10 Mio. Dollar für Lebensmittel für deutsche Frauen und Kinder

MÄRZ 1924

gesetzgebung. Angeschlossene Anstalten erfuhren Unterstützung durch die Vermittlung von Krediten. Weiterhin aktiv war der Caritasverband in den verschiedenen Formen der Fürsorge; nennenswert ist hier v. a. die Fürsorge und berufliche Fachausbildung für aus der Schule entlassene Taubstumme in geeigneten Lehr- und Arbeitsstätten, die der Kölner Diözesan-Caritasverband als erster deutscher Diözesanverband verwirklichte – bis heute eines seiner Arbeitsfelder.

Dennoch rückten nun, neben dem weiterhin vertretenen Schwerpunkt der Kinder- bzw. Erholungsfürsorge (Kinderlandverschickung), verstärkt Maßnahmen gegen das fortschreitende Problem der Arbeitslosigkeit und die damit einhergehende soziale Not in den Vordergrund. So verstärkte der Caritasverband sein Engagement auch auf dem Gebiet der Arbeitsbeschaffung. In diesem Zusammenhang zu nennen ist der systematische Ausbau der Wanderarmenfürsorge. Dies war ursprünglich ein v. a. von evangelischer Seite gefördertes Konzept, das insbesondere seit Ende des 19. Jahrhunderts mit der Schaffung großer Arbeitskolonien Verbreitung erreicht hatte.[9] Der Direktor der Wuppertaler Ortscaritas Hans Carls (1886–1952) griff den Gedanken der Arbeitskolonien auf und richtete 1924 in Elberfeld die erste Wanderarbeitsstätte (genannt „Holzplatz") im Bereich der Caritas ein. Dort konnten Bedürftige vorübergehend Arbeit finden; diese bestand im „Kleinmachen von Holz und Bündeln desselben"[10]. Der Tageslohn betrug 1,80 RM, wovon die Hälfte in bar ausgezahlt wurde, der Rest in Caritasgutscheinen, die u. a. gegen Lebensmittel eingetauscht werden konnten. Angeschlossen war ein Obdachlosenasyl, in dem die Arbeiter übernachten konnten. Diese Idee wurde in anderen Städten, auch in Köln, übernommen, sodass ein Netzwerk von „Holzplätzen" in der Erzdiözese entstand, in dem man sich innerhalb einer Tageswanderung bewegen konnte.[11]

Zudem erkannte der Caritasvorsitzende Lenné die Vielschichtigkeit des Problems der Arbeitslosigkeit, das neben dem Entzug der materiellen Lebensgrundlage auch häufig mit einer Demoralisierung des Einzelnen einherging. So referierte er auf der Diözesankonferenz 1932 über die Einführung von Exerzitien und Einkehrtagen für Arbeitslose zur „Überwindung der seelischen Not".[12] Damit wollte er diese dazu anleiten, sinnvoll mit ihrer Zeit umzugehen. Hier testete

Veröffentlichung des Romans
„Der Zauberberg" von Thomas Mann

Nov. 1924

der Diözesan-Caritasverband neue Wege, um sich der Lebenswirklichkeit anzupassen.

Die erste Satzung

Bei all diesen Anforderungen war in den ersten Jahren das Fehlen einer Satzung ein beträchtliches Hindernis für eine effektive Verbandsarbeit. Noch im Jahr 1921 hatte Lenné geklagt: „Der Diözesan-Caritasverband ist bis heute ein Verband im Zustande des Provisoriums."[13] Zwar habe das Organisatorische in den ersten Jahren hinter der Kriegsnot zurückstehen müssen, dessen Ungeklärtheit mache sich aber nun umso mehr bemerkbar. In seiner Denkschrift „Zur Neugestaltung des Diözesan-Caritasverbandes"[14] für die kirchlichen Behörden führte er verschiedene Fehler der ersten Jahre auf, u. a. die negativen Auswirkungen des Kölner „Klüngels": die Besetzung des provisorischen Diözesanausschusses mit möglichst prominenten statt sachkompetenten Personen. Auch ein Korrektiv für den Vorstand existiere nicht. Weiterhin monierte Lenné: „Es bestehen keine endgültig gewählten Organe des DiCV, kein Schriftführer, kein Kassierer. […] Es existiert nicht einmal ein Mitgliederverzeichnis …"[15] Folgend umriss er eine mögliche Satzung, die diesen Missständen Abhilfe verschaffen sollte und die größtenteils in der Endfassung übernommen wurde.

Bis zur Veröffentlichung der Satzung sollten jedoch noch einige Jahre vergehen. Verschiedene Instanzen waren zu durchlaufen: 1922 übergab Lenné zunächst dem Generalvikariat die von ihm erarbeiteten Statuten.[16] Gestärkt durch die Beschlüsse der Diözesansynode legte der Diözesan-Caritasverband darauf der 1924 tagenden Diözesankonferenz den Satzungsentwurf vor, der einstimmig angenommen wurde. Mit der Verabschiedung auf der Mitgliederversammlung im Anschluss an die Diözesantagung 1926 war der Weg freigemacht für die erzbischöfliche Genehmigung, die Kardinal Schulte am 27. Oktober 1926 erteilte.[17] Die beiden ersten Paragrafen legten das Wesen und den Zweck des Verbandes als „von dem hochwürdigsten Herrn Erzbischof von Köln anerkannte organisatorische Zusammenfassung der innerhalb des Erzbistums Köln der Caritas dienenden katholischen Einrichtungen, Anstalten, Körperschaften Gemeinschaften, Vereine und Verbände" (§ 1)[18] fest. Die Handlungsfähigkeit des Ver-

*Deutschland wird in den
Völkerbund aufgenommen*

SEPT. 1926

bandes wurde durch die Schaffung von vier Organen gewährleistet (§ 5):

1. Die Mitgliederversammlung, die mindestens alle drei Jahre berufen werden musste. Ihr oblag u. a. die Entgegennahme des Tätigkeitsberichtes, die Wahl einiger Mitglieder des Diözesanausschusses sowie die Bestellung der Beisitzer im Diözesanvorstand.

2. Der Diözesanausschuss, bestehend aus dem Diözesanvorstand, je einem Vertreter der caritativen Fachverbände, der Orts- und Kreiscaritasverbände, der (Groß-)Stadt- bzw. Landpfarrer sowie max. 25 (durch die Mitgliederversammlung gewählter) wichtiger „Einzelpersönlichkeiten". Mindestens einmal pro Kalenderjahr sollte er durch den Vorstand berufen werden; er war u. a. mit finanziellen Angelegenheiten wie der Genehmigung von Etat und Jahresrechnung sowie größerer finanzieller Unternehmungen befasst und wählte die beisitzenden Vorstandsmitglieder.

3. Der Diözesanrat diente der Vernetzung von Orts- und Diözesancaritas. Ihm sollten, geleitet vom Diözesan-Caritasvorsitzenden, die Geschäftsführer der Orts- und Kreiscaritasverbände angehören. Die Sitzungen sollten mindestens einmal pro Quartal stattfinden; Inhalte sollten wichtige Verbandsangelegenheiten, wie die Vorbereitung von Mitgliederversammlungen, Diözesan-Caritastagungen, Lehrgängen oder Konferenzen, sowie die Absprache über notwendige Hilfsmaßnahmen sein.

4. Der Diözesanvorstand bestand aus dem Vorsitzenden und Stellvertreter, beide vom Erzbischof ernannt, sowie fünf Beisitzern, die vom Diözesanausschuss gewählt wurden. Unter letzteren sollten mindestens eine Frau sowie ein Mitglied des Diözesanrates sein. Der Vorstand repräsentierte den Diözesan-Caritasverband nach außen, regelte und pflegte Kontakt innerhalb (zu Orts-, Kreisverbänden, Fachverbänden, Deutschem Caritasverband) und außerhalb (Behörden, öffentliche, andere Wohlfahrtsträger …) des Diözesan-Caritasverbandes. Zudem sollte er u. a. die Beschlüsse der Mitgliederversammlung umsetzen.

*Erster Rosenmontagszug
in Köln seit Kriegsende*

FEBR. 1927

Der Kölner Erzbischof hatte die Oberaufsicht über den Verband inne: Gegen „jede Wahl und jeden Beschluss" stand ihm ein Einspruchsrecht zu (§ 12).

Besonders fällt auf, dass die Orts- und Kreiscaritasverbände mit dem Diözesanrat ein eigenes Forum besaßen. Anders als im Zentralrat des Deutschen Caritasverbandes gehörten ihm die Mitglieder des Vorstandes – abgesehen vom Vorsitzenden – nicht an. Die Stellung der Ortsverbände im Diözesanverband wurde so gestärkt, die Kooperation der beiden Organisationsebenen in eine feste Form gebracht. Ebenso bezweckte die Errichtung des Diözesanausschusses die Schaffung eines wirksamen Korrektivs gegenüber dem Vorstand. Bemerkenswert ist auch die Festlegung eines weiblichen Vorstandsmitglieds als eine Art niederschwelliger „Frauenquote", mit der auch der Bedeutung von Frauen in der Caritasarbeit Rechnung getragen wurde.

Satzung des Diözesan-Caritasverbandes von 1926

*Alexander Fleming entdeckt
das Heilmittel Penicillin*
Sept. 1928

Ehrendomherr Dr. Johannes
Becker (1892–1975),
Diözesan-Caritasdirektor

Das Aufgabengebiet wächst

Im Jahr 1926 gehörten dem Caritasverband im Erzbistum Köln 42 Orts- und Kreiscaritasverbände(-sekretariate) und rund 750 Pfarrcaritasausschüsse an, zudem insgesamt 2.040 Fürsorgeeinrichtungen sowie 24 überörtlich wirkende Fachverbände.[19] Im Vergleich zur Organisation örtlicher Caritas im Jahr 1923 (siehe Kapitel 2) zeigt sich, dass seitdem zwar keine neuen Ortsvertretungen hinzugekommen, die meisten Caritasvertretungen sich nun allerdings als Verein bzw. Verband (teils noch ohne Satzung) institutionalisiert hatten. In den folgenden Jahren sollten weitere dieser Ortsvereine ihre Statuten verabschieden oder in Angleichung an den Diözesan-Caritasverband revidieren, so bspw. Düsseldorf.[20]

Die personelle Ausstattung der Kölner Diözesan-Caritasgeschäftsstelle entsprach dagegen kaum den vielfältigen Anforderungen. Vier hauptamtliche Mitarbeiterinnen, die für verschiedene Geschäftsbereiche zuständig waren, arbeiteten hier neben Direktor Lenné und seinem Sekretär. Dr. Lenné, der seit 1922 neben der Geschäftsführung auch den Vorsitz des Diözesan-Caritasverbandes wahrnahm und zudem als Referent für Caritasangelegenheiten beim Generalvikariat tätig war, litt unter chronischer Überlastung. Zwar war die enge Anbindung an die erzbischöflichen Behörden organisatorisch von großem Vorteil, die Vereinigung zweier leitender Diözesan-Caritasämter in einer Person v. a. nach Umsetzung der neuen Satzung weniger sinnvoll. Daher ernannte Kardinal Schulte im Januar 1930 den Essener Caritasdirektor Johannes Becker (1892–1975) zum Diözesan-Caritasdirektor.[21] Ihm oblag bereits in seinem ersten Dienstjahr die organisatorische Durchführung der Abtrennung der Aachener Caritasausschüsse und -verbände, notwendig durch die Wiedererrichtung des Bistums Aachen 1930.[22]

Bei der Vielzahl der Aktivitäten, die der Diözesan-Caritasverband koordinierte und unterstützte, war eine gute Zusammenarbeit mit den Fachverbänden und den unteren Ebenen unerlässlich. Außerdem lag dem Verband, ebenso wie dem Freiburger Zentralverband, die fachliche Fortbildung der Mitglieder besonders am Herzen. Daher veranstaltete der Diözesan-Caritasverband 1926 in Düsseldorf und 1930 in Bonn Caritas-Tagungen mit verschiedenen all-

Vatikan wird unabhängiger Staat
11. FEBR. 1929

gemein-caritativen sowie Fachvorträgen.[23] Besonders fällt hier der recht hohe Anteil vortragender Frauen auf: 1926 bspw. wurden drei von acht Vorträgen von weiblichen Referenten gehalten.[24] Unter den Referentinnen und Referenten befanden sich sowohl Verbandsfunktionäre wie Prälat Johannes van Acken (1879–1937; Caritas Berlin) oder Mathilde Otto (1875–1933; Elisabeth-Vereine) als auch katholische Politiker wie der Reichstagsabgeordnete Joseph Joos (1878–1965). Daneben dienten die Tagungen der Behandlung praktischer Fragen, bspw. über die Gewinnung ehrenamtlicher Kräfte für die Pfarrcaritas.[25]

Unterstützung durch den Erzbischof

Wichtig für eine möglichst effektive Verbandsarbeit war daneben die nachhaltige Unterstützung von kirchlicher Seite. Insbesondere der Kölner Erzbischof Kardinal Schulte setzte sich durchgängig für die caritativen Belange ein. Immer wieder richtete Schulte Hirtenworte an sein Kirchenvolk, in denen er angesichts der Not Kollekten anordnete und um Spenden und andere Mithilfe bat.[26] Gerade die Pfarreien sprach der Erzbischof an, forderte eine Unterstützung der Verbandscaritas und mahnte jeden einzelnen Katholiken zu mehr ehrenamtlicher Unterstützung, soweit sie ihm möglich sei. Hierzu rief er im Herbst 1930 einen „Karitassonntag" aus.[27] Auch die Zusammenarbeit mit der öffentlichen Wohlfahrt war kein Tabu für Schulte. Im September 1931 hielt er seine Diözesanen dazu an, sich an der „Volkshilfe" zu beteiligen, einer Sammelaktion der öffentlichen, behördlichen Fürsorge, die unter der Losung „Wir wollen helfen" durchgeführt wurde.[28] Ferner unterstützten die kirchlichen Behörden den Verband mit jährlichen Geldzuwendungen: Im Jahr 1929 erinnerte Lenné den Erzbischof etwa an eine Zusage von rund 70.000 RM.[29] Es stellt sich die Frage, ob im Kirchenvolk oder außerhalb kirchlicher Strukturen auch die eine oder andere Kritik geäußert wurde, etwa in dem Sinne, dass die Kirchenoberen angesichts der Not statt „schönen Worten" mehr direkte Hilfe hätten leisten müssen. Spuren solcher Kritik lassen sich in den amtlichen Quellen allerdings nicht nachweisen.

Die Kommunikation zwischen dem Kölner Diözesanverband und dem Zentralcaritasverband verlief dagegen nicht immer reibungslos. Mitunter fühlte der Diözesanverband bei der Vorgehensweise des

Bistum Aachen (1930): Das große Bevölkerungswachstum im Erzbistum Köln seit dem 19. Jahrhundert machte eine Verkleinerung der Diözese notwendig. Daher kam es zur Errichtung des Bistums Aachen, das bereits 1802–1825 für kurze Zeit existiert hatte. Zum ersten Bischof wurde der bisherige Kölner Generalvikar Joseph Vogt (1865–1937) gewählt. Das Erzbistum Köln verlor durch die Errichtung über ein Drittel seiner Mitglieder (rund 1 Mio.) und u. a. die Städte Aachen, Krefeld, Mönchengladbach und Düren. Auch etwa ein Drittel der verbandlichen Caritas auf Pfarr-, Orts- und Kreisebene (276 Ausschüsse in 43 Sekretariaten [1926]) gehörte nun zum Bistum Aachen.

Henry Ford legt Grundstein für Kölner Ford-Werke

OKT. 1930

Deutschen Caritasverbandes gegenüber Ordensgemeinschaften oder Einrichtungen im Kölner Sprengel einen Eingriff in die eigene Zuständigkeit. So richtete das Generalvikariat im November 1926 ein Schreiben an den Präsidenten des Deutschen Caritasverbandes Kreutz, mit der „Bitte, in Zukunft alle die Caritas betreffenden Rundschreiben oder generellen Benachrichtigungen, die an die Adressen von Mutterhäusern oder … an die caritativen Organisationen, Anstalten oder Einrichtungen in unserem Erzbistume gerichtet sind, in der Regel nur nach vorherigem Einvernehmen mit der für das Erzbistum Köln gegründeten Diözesan-Caritas-Zentrale übersenden zu wollen …"[30]. Auslöser war ein Rundschreiben an alle Mutterhäuser mit der Mitteilung der Eröffnung eines neuen Erholungsheims in Garmisch-Partenkirchen und der Bitte, an Tuberkulose erkrankte Ordensschwestern dorthin zu überweisen. Dies allerdings, so der Verfasser im Generalvikariat, habe bei den Schwestern zu „Verstimmung und Verbitterung"[31] geführt, da ein solches Heim bereits im Kölner Erzbistum in Mönchengladbach unter der Ägide des Vereins „Elisabethhilfe" existiere. Abschließend erbat man ein erneutes Rundschreiben zur Richtigstellung und mit dem Hinweis auf die bereits existierende Anstalt.

Großprojekt: Krankenhaus in Köln-Hohenlind

Dessen ungeachtet plante der Deutsche Caritasverband ein größeres Projekt, das den Kölner Diözesanverband zunächst nur mittelbar betraf. Der Deutsche Caritasverband hatte seit den 1920er-Jahren zum Zwecke der Mitarbeiterschulung eine Reihe von Ausbildungsstätten geschaffen, die in Freiburg angesiedelt waren.[32] Seit 1927 befand sich auch die Eröffnung eines Fortbildungsinstituts für Gesundheitsfürsorge mit einem angeschlossenen Krankenhaus in der Planung. Man wollte dem in der Caritas wirkenden Pflegepersonal, d. h. den Schwestern, Ärzten und Krankenseelsorgern, die Möglichkeit einer kompletten und differenzierten Fortbildung bieten. Die besten Voraussetzungen für einen Standort besaß Westdeutschland mit seiner großen Dichte an katholischen Krankenhäusern; die Wahl fiel letztlich auf Köln. Es war das Verdienst des Berliner Caritasdirektors Johannes van Acken, dieses Projekt von Anfang bis Ende begleitet zu haben. Das Institut umfasste eine Ausbildungsstätte mit angeschlossenem Krankenhaus sowie ein Wohnheim. Nach zweijähriger

Die NSDAP wird im Reichstag mit 37,4 %
stärkste Fraktion vor der SPD mit 21,6 %

JULI 1932

Bauzeit öffnete die multifunktionale Einrichtung ihre Pforten in Köln-Hohenlind im Herbst 1932. Für lange Zeit sollte das „St.-Elisabeth-Krankenhaus" das einzige Krankenhaus in der Trägerschaft des Deutschen Caritasverbandes bleiben.

St. Elisabeth-Krankenhaus, Köln-Hohenlind, um 1932

In den letzten Jahren der Republik kämpfte der Caritasverband an vielen Fronten. Nicht nur die Belastung durch die zunehmende Zahl von Hilfsbedürftigen, flankiert von der galoppierenden Inflation und empfindlichen Einschnitten in die Sozialleistungen, machte den katholischen Verbänden und Vereinen zu schaffen. Das gesellschaftliche Klima wurde rauer; durch die politische Radikalisierung sank auch die Akzeptanz gegenüber den Kirchen und konfessioneller Wohlfahrt. Um der Bevölkerung vor Augen zu halten, welch wichtige und umfangreiche Arbeit die Caritas im Erzbistum Köln leistete, ordnete Kardinal Schulte eine statistische Erhebung an „über die materiellen karitativen Leistungen"[33] aller Ordensgemeinschaften, Anstalten, Einrichtungen und Vereine. Erhebungszeitraum war die Woche vom

Erste deutsche Autobahn zwischen Köln und Bonn wird eröffnet

AUG. 1932

14. bis 19. Dezember 1931. Erfragt werden sollte die Menge ausgegebener Speisungen, Lebensmittel, Kleidungsstücke und Schuhe sowie Barunterstützungen. Die Auswertung der angefragten 650 caritativen Anstalten und 709 Pfarrämter im Erzbistum ergab eine Gesamtsumme von 826.044 RM, wobei die ausgegebenen Sachspenden in Geldwert umgerechnet und mit den Barunterstützungen addiert worden waren. Allein die Anstalten hatten in dieser einen Woche nahezu 70.000 Mittagessen, über 40.000 Brotportionen und fast 30.000 Kinderspeisungen ausgegeben.[34]

Auch an den Ergebnissen dieser Umfrage wird die gesellschaftliche Bedeutsamkeit caritativer Arbeit und mit ihr des Caritasverbandes sowohl innerhalb der Kirche als auch generell für die Wohlfahrtsarbeit im Land deutlich. In den Jahren seit seiner Gründung hatte sich die Kölner Zentrale zu einem in vielen Bereichen tätigen, gut funktionierenden und durchorganisierten Verband entwickelt, dessen Struktur dank der verabschiedeten Statuten nun auch in eine feste Form gegossen war. Diese Voraussetzungen machten seine Stärke aus, als sich der Diözesan-Caritasverband nach der Machtübernahme der Nationalsozialisten 1933 gänzlich anders gearteten, existenzbedrohenden Herausforderungen stellen musste.

---

[1]   Gatz, Caritas, S. 335.

[2]   Vgl. Lingen, Brauns, S. 235–264; Mockenhaupt, Brauns.

[3]   Vgl. Gatz, Kirchliches Leben, S. 190–193.

[4]   Ebda., S. 189.

[5]   Vgl. Mewes, Arbeitsmarkt, S. 24, 29.

[6]   Ebda., S. 12, 24, 29.

[7]   Beitrag „Sozialetat der Städte" in der Dortmunder Zeitung „Tremonia" vom 20. Februar 1930, zit. nach Treue, Weltwirtschaftskrise, S. 127.

[8]   Zum Folgenden vgl. Lakemeier, Chronik, S. 42–43.

[9]   Vgl. Fleckenstein, Sonderarbeitsbereiche, S. 161–162.

[10] Carls, Arbeitsplatz, S. 34.

[11] Vgl. Knippschild, Weimarer Republik, S. 24.

[12] Vgl. Lakemeier, Chronik, S. 58.

[13] Denkschrift „Zur Neugestaltung des Kölner Diözesan-Caritasverbandes", in: ADiCV, Bestand I 120; AEK, CR II 22.31a,1.

[14] Ebda.

[15] Ebda.

[16] Satzungsentwurf, in: AEK, CR I 22.31,3 (1).

[17] KA vom 1. November 1926.

[18] Ebda.

[19] Vgl. Caritas im Erzbistum Köln 1926, S. 171.

[20] Vgl. Brzosa, Düsseldorf, S. 506–510.

[21] Vgl. Knippschild, Weimarer Republik, S. 21.

[22] Vgl. Hegel, Erzbistum Köln, Band V, S. 122–125; Heilbronn, Erzdiözese Köln, S. 55–64.

[23] Die Tagung in Düsseldorf fand vom 25.–27. April 1926, die in Bonn vom 23.–24. November 1930 statt, in: AEK, CR I 22.31,3 (2).

[24] Einladung zur Diözesan-Caritastagung, in: ADCV, 125.50 Faszikel 01.

[25] Vgl. Lakemeier, Chronik, S. 44–47.

[26] Hirtenworte im KA vom 1. Juni 1925, 15. November 1925, 15. November 1930, 11. September 1931 (Sondernummer).

[27] Hirtenwort zum „Karitassonntag" im KA vom 15. November 1930.

[28] Hirtenwort im KA vom 11. September 1931 (Sondernummer).

[29] Schreiben Lenné an Kardinal Schulte vom 23. April 1929, in: ADiCV, Bestand I 120.

[30] Schreiben vom 6. November 1926, in: AEK, CR I 22.31,3 (2).

[31] Ebda.

[32] Vgl. Wollasch, Beiträge, S. 104–133.

[33] Schriftverkehr, Entwurf und Auswertung zur Erhebung, in: AEK, CR I 22.31,3 (2); Schreiben Direktor Becker an Generalvikar David vom 27. Februar 1932, mit Aufstellung der Ergebnisse, in: AEK, Gen. I 15.2,5.

[34] Ebda.

„Angesichts der hier und da beobachteten ‚Gleichschaltungs-bestrebungen' müsste sehr stark betont werden, dass gerade die Caritas ein Instrument der Kirche ist und als ergänzende Seelsorgsarbeit betrachtet werden muss."

Caritaskommission zur Vorbereitung
der Diözesansynode, 1933

1933–1939: ANPASSUNG UND SELBSTBEHAUPTUNG

Kapitel

4

Die Ernennung Adolf Hitlers zum Reichskanzler am 30. Januar 1933 markierte den Ausgangspunkt für einen kompletten Umbruch des politisch-gesellschaftlichen Lebens in Deutschland, ein Umbruch, der nahezu sämtliche Lebensbereiche erfasste. Bereits in den ersten Monaten nach der Machtübernahme suchte die NSDAP durch eine Reihe von Verordnungen und Gesetzen ihre politische Macht zu sichern. Aus den Kommunal- und Reichstagswahlen vom März 1933 ging die NSDAP als stärkste Partei hervor. Bürgermeister, die nicht mit der NSDAP sympathisierten, ersetzte man durch Parteigänger, so in Köln, wo Oberbürgermeister Konrad Adenauer für abgesetzt erklärt wurde.[1] Es folgte reichsweit eine Gleichschaltung des gesamten öffentlichen Lebens: die Gleichschaltung der Presse, die Neubildung der Länderparlamente, die Zerschlagung der Gewerkschaften sowie das Ende der politischen Parteien. Die ideologische Propagierung eines höherwertigen „Herrenmenschen" im Gegensatz zu „unwertem Leben" führte in den nächsten Jahren zur Diskriminierung und Verfolgung v. a. der jüdischen Bevölkerung, aber auch verschiedener sozialer Randgruppen und Andersdenkender.

Dieser nationalsozialistische Totalitätsanspruch, der zudem antikirchlich geprägt war, musste dem Selbstverständnis der Kirchen zuwiderlaufen. Die katholischen Bischöfe, die vor 1933 eindringlich vor den Gefahren des Nationalsozialismus gewarnt hatten, verhielten sich vorerst abwartend, eine Haltung, die auch das katholische Kirchenvolk einnahm. Zunächst schien es, als vollziehe Hitler mit der Unterzeichnung des Reichskonkordates (20. Juli 1933) eine Kehrtwende. Der Vertrag zwischen dem Hl. Stuhl und dem Deutschen Reich sicherte der katholischen Kirche in Deutschland umfassenden Schutz und Eigenständigkeit in allen kirchlichen Bereichen, u. a. den Erhalt der katholischen Verbände und Vereine sowie der Bekenntnisschule, zu.[2] Darauf entschlossen sich die Bischöfe zu einem gemeinsamen Hirtenwort, das einen Teil der früheren Warnungen und Verbote zurücknahm.[3]

Trotz der umfassenden Gleichschaltungsbestrebungen des Regimes blieben der Caritasverband und die evangelische Innere Mission von der Aufhebung der übrigen Wohlfahrtsorganisationen verschont. Während Arbeiterwohlfahrt, Christliche Arbeiterhilfe und

Gesetzliche Pfeiler der NS-Diktatur: Den (angeblich von Kommunisten gelegten) Reichstagsbrand nahm Reichskanzler Hitler zum Anlass für den Erlass einer verfassungsrechtlich zulässigen Notverordnung „zum Schutz von Volk und Staat" („Reichstagsbrandverordnung" v. 28. Februar 1933). Durch sie waren Grundrechte und Verfassungsnormen pauschal außer Kraft gesetzt; Verdächtige konnten ohne Gerichtsverhandlung in „Schutzhaft" genommen werden. Gemeinsam mit dem im März 1933 erlassenen „Ermächtigungsgesetz", das die Reichsregierung mit Gesetzgebungsgewalt, auch gegen die Verfassung, ausstattete, war die Notverordnung der wichtigste Gesetzespfeiler für die NS-Diktatur. Die Weimarer Reichsverfassung war faktisch aufgehoben, bestand formell jedoch bis 1945 weiter.

Deutschland tritt aus Völkerbund aus
Nov. 1933

Zentralstelle der deutschen Juden im Juli 1933 aufgelöst und der Paritätische Wohlfahrtsverband der Parteiorganisation „Nationalsozialistische Volkswohlfahrt" (NSV) einverleibt wurden, erkannte das Innenministerium die verbleibenden Verbände – NSV, Deutscher Caritasverband, Innere Mission und Deutsches Rotes Kreuz – als Reichsspitzenverbände der freien Wohlfahrt an. Zur Koordinierung ihrer überregionalen Aktivitäten schlossen sich die Verbände im Folgejahr, anstelle der bisherigen Liga (siehe Kapitel 3), in einer „Arbeitsgemeinschaft der Spitzenverbände der freien Wohlfahrtspflege" zusammen.[4] Größtes gemeinsames Projekt in der NS-Zeit wurden die Sammlungen des Winterhilfswerks.

Unterzeichnung des Reichskonkordates am 20. Juli 1933 durch den Apostolischen Nuntius Eugenio Pacelli (Mitte) und Vizekanzler Franz von Papen (2. von links)

Das „Winterhilfswerk"

Zur Linderung der Not in der Bevölkerung insbesondere in der Winterzeit hatte die Liga der Freien Wohlfahrtsverbände bereits 1931 eine Winterhilfe mit Abhaltung von Haus- und Straßensammlungen ins Leben gerufen. Nach der Machtübernahme der Nationalsozialisten erkannten diese das propagandistische Potenzial der Aktion. Unter Leitung der NSV schlossen sich die vier Spitzenwohlfahrtsverbände zu einer „Reichsarbeitsgemeinschaft des Winterhilfswerkes"

Winterhilfe des Diözesan-Caritasverbandes Köln im Winter 1933/1934

Winterhilfe und Caritas.

1. **Wir alle wollen helfen, daß in diesem Winter niemand hungert und friert.**

2. Wir wissen, daß das Winterhilfswerk eine **Gemeinschaftstat des deutschen Volkes** ist und von der Reichsregierung ausgeht.

3. Freudig nehmen wir deshalb daran teil, folgend den **Wünschen unseres Oberhirten** und mithelfend nach den **Anweisungen des Caritasverbandes,** der in alle Arbeitsgemeinschaften des Winterhilfswerkes berufen worden ist.

4. Die Führung im Winterhilfswerk ist von der Reichsregierung der NS.-Volkswohlfahrt übertragen. Mit ihr arbeiten zusammen die Organisationen der freien Liebestätigkeit gemäß der Arbeitsanweisung des Reichsführers des Winterhilfswerkes. **Wenn die Beauftragten des Winterhilfswerkes an den Sammeltagen bei uns vorsprechen, geben wir gern unser Opfer,** wofür wir von ihnen **eine Quittung** erhalten.

5. Daneben aber hat **die Kirche** in ihren Pfarreien und caritativen Anstalten und Vereinen **ihre Fürsorge und Hilfe für alle jene Armen und Notleidenden weiterzuführen,** die ihr durch das Liebesgebot des Heilandes in besonderer Weise anvertraut worden sind.

6. Diese Liebestätigkeit der Kirche wird **auch vom Staat als hochwichtig anerkannt und deshalb besonders geschützt,** wie es in § 31 Abs. 1 des **Reichskonkordates** vereinbart ist.

7. Außerdem hat die **Reichsregierung durch einen Hoheitsakt vom 25. Juli 1933 den Deutschen Caritasverband E. V.,** dem alle kath. caritativen Organisationen angeschlossen sind, neben der NS.-Volkswohlfahrt, der Inneren Mission und dem Roten Kreuz **als Reichsspitzenverband der freien Wohlfahrtspflege** anerkannt, wodurch seine Selbständigkeit und seine Arbeitsgebiete gesichert sind.

8. **Wer also Mitglied des Caritasverbandes oder eines ihm angeschlossenen pfarrlichen oder sonstigen caritativen Vereins ist, braucht keiner anderen Wohlfahrtsorganisation beizutreten.** Als Ausweis kann jedes tätige oder zahlende Mitglied beim zuständigen Pfarramt oder beim Vereinsvorstand seine Mitgliedskarte erhalten.

9. Die Kirche muß erwarten, daß jeder katholische Christ **am Liebeswerk der kirchlichen Gemeinschaft** teilnimmt.

10. Wir wollen uns bewußt sein, daß **„die Liebe Christi uns drängt".** Deshalb wollen wir in Gemeinschaft mit dem ganzen deutschen Volk **unsere Gabe für das Winterhilfswerk opfern** und durch unsere Mitgliedschaft und Mitarbeit das immerwährende Liebeswerk der Kirche lebendig mittragen.

Diözesan-Caritasverband f. d. Erzbistum Köln e.V., Köln, Georgstr. 20

(WHW) zusammen. Auch das Erzbistum Köln trat dem Werk bei und entsandte den Essener Dechanten Leonhard Zarth (St. Ludgerus) als Beiratsvertreter.[5] Die Sammelaktion fand erstmals im Winter 1933/34 statt, wobei die verschiedenen Wohlfahrtsträger eigene Aufrufe herausgaben und Haus- und Straßensammlungen durchführten.[6] Die Durchführung in der Caritas oblag den Pfarrausschüssen und Ortsverbänden, koordiniert von den Diözesanverbänden; die organisatorische und finanzielle Kontrolle behielt jedoch der NSV. Die gesamten Einnahmen mussten zunächst an die NSV abgeführt werden; anschließend durften die Wohlfahrtsorganisationen Gelder zur eigenen Verwendung beantragen. Der Kölner Diözesan-Caritasverband hatte 1936 bspw. knapp 80.000 RM aus der Sammlung erhalten, für das kommende Jahr beantragte er erneut 70.000 RM[7] – finanziell also ein bedeutsamer Posten, gemessen an seinen anderweitigen jährlichen Gesamteinnahmen über 68.000 RM (1936).[8]

Wie aber stand es um den Kölner Diözesan-Caritasverband? Thematisch widmete er sich zunächst den Aufgaben, die ihn auch schon in den vergangenen Jahren gefordert hatten, darunter Hilfen für Arbeitslose und Kinderfürsorge bzw. -erholungsmaßnahmen. Im Herbst 1933 hielt der Verband einen Diözesan-Caritastag in Essen ab. Dort äußerte sich der Vorsitzende Lenné zuversichtlich über die Stellung der Caritas unter der neuen Regierung; Hoffnung schöpfte er insbesondere aus den Bestimmungen des Reichskonkordates.[9] Es sollte allerdings der letzte Caritastag vor dem Zweiten Weltkrieg bleiben.

Ein Direktor für Kölner Orts- und Diözesancaritas

Personell ergab sich für die Jahre des Nationalsozialismus eine Besonderheit im Verhältnis von Kölner Diözesan- und Ortscaritasverband: Nach der Versetzung des bisherigen Ortscaritasgeschäftsführers Pfarrer August Hartmann nach Hösel bei Düsseldorf ernannte Kardinal Schulte 1933 Diözesan-Caritasdirektor Johannes Becker unter Beibehaltung seines bisherigen Amtes zum Direktor des Kölner Ortsverbandes.[10] Diese Konstellation sollte auch noch unter Beckers Nachfolger bis zum Ende des Zweiten Weltkrieges bestehen bleiben. Die Personalunion hatte ihre Vorteile in der vereinfachten Koordinierung der Verbandsaktivitäten. Finanziell war diese Regelung für

Erste Fernsehübertragung
in Deutschland

APR. 1934

den Diözesan-Caritasverband ebenfalls günstig: Während der Orts-
verband die eine Hälfte des Gehaltes für Becker zahlte, übernahm
das Generalvikariat die andere Hälfte und deklarierte dies als
„Zuschuss" für den Diözesanverband.[11]

Mit der neuen Personalkonstellation ging eine weitere Ortsverände-
rung für den Verband einher: Nach zahlreichen Umzügen innerhalb
der nördlichen Altstadt in den ersten Jahren des Diözesan-Caritasverbandes (siehe Kapitel 1) war die Geschäftsstelle 1931 in die Har-
defuststraße 16, nahe dem Volksgarten in der südlichen Innenstadt,
gezogen. Die Notwendigkeit, die Arbeit des Diözesan- und Ortscaritasverbandes auch örtlich näher zu verknüpfen, um so die Arbeit
des zweifachen Direktors effektiver zu gestalten, hatte nun einen
weiteren Umzug im inneren Stadtbereich zur Folge: Noch im Jahr
1933 zogen beide Geschäftsstellen in die Georgstraße 18-20. Dies
war für Direktor Becker auch insofern günstig, als der Verband im
Vorjahr ein Haus am benachbarten Georgsplatz 18 als Wohnhaus für
seinen Direktor erworben hatte. Weitere Fachverbände und Vereine
schlossen sich an: Der Männer-Fürsorgeverein und die Trinker-Für-
sorge arbeiteten fortan unter einem Dach mit dem Caritasverband.[12]
Ebenso fand der Volksverein für das katholische Deutschland hier
kurzzeitig Obdach, bevor er Anfang 1934 staatlich verboten wurde.
Diese Ortsgebundenheit an die Georgstraße hat der Diözesan-
Caritasverband – mit einer Unterbrechung im Zweiten Weltkrieg
und in der direkten Nachkriegszeit (siehe Kapitel 5 und Kapitel
6) – bis heute beibehalten.

Unterdessen festigte das neue Regime seine Stellung durch weitere
Gesetzesmaßnahmen. Diese betrafen u. a. die einheitliche Regelung
von Tarif- und Arbeitsvertragsfragen, von der auch die caritativen
Anstalten betroffen waren. Die Verabschiedung verschiedener Gesetze zur Verminderung der anhaltend hohen Arbeitslosigkeit sorgte,
gemeinsam mit anderen Faktoren (d. i. Rüstungskonjunktur), für
eine Entspannung auf dem Arbeitsmarkt: 1934 gab es etwa in der
Stadt Köln nur noch 60.000, 1936 rund 44.000 und 1938 lediglich
16.000 Arbeitslose.[13] Statt hoher Arbeitslosigkeit herrschte nun
Arbeitskräftemangel.

Hitler trifft Mussolini in Venedig

JUNI 1934

Kirchliche Verbände als Zielscheibe

Die anfänglichen Hoffnungen in der katholischen Kirche bewahrheiteten sich nicht. Immer häufiger waren katholische Laienorganisationen und Institutionen Zielscheibe für nationalsozialistische Angriffe. Diese richteten sich zunächst gegen katholische Vereine und Verbände: neben dem bereits erwähnten Volksverein v. a. Jugendverbände und Arbeitervereine. Die Maßnahmen reichten von Störung von Gottesdiensten oder anderen Zusammenkünften durch Einheiten der Hitlerjugend (HJ) bis zu systematischer Schikanierung, Diffamierung und letztlich Vereinsverbot.

Die kirchlichen Behörden reagierten, indem sie die bislang hauptsächlich von Vereinen getragene Jugendarbeit auf die Pfarrgemeinden verlagerten und ein erzbischöfliches Jugendseelsorgeamt ins Leben riefen. Zudem hatte das Erzbistum Köln bereits 1934 eine „Abwehrstelle gegen die nationalsozialistische antichristliche Propaganda" eingerichtet, die der antikirchlichen Agitation durch die Herausgabe von Schriften entgegenwirken und die Jugendarbeit unterstützen sollte.[14] Sie kooperierte dabei auch mit der 1933 in Düsseldorf errichteten „Bischöflichen Hauptarbeitsstelle", die sich v. a. für die Belange der Katholischen Aktion einsetzte.

Weitere Ziele nationalsozialistischer Angriffe waren die katholischen Bekenntnisschulen und die Orden. Den Erhalt katholischer Schulen hatte das Reichskonkordat zugesichert. Dies hinderte die Regierung jedoch nicht an einer fortgesetzten Propaganda gegen diese – jeweils von kirchlicher Seite beantwortet durch Protesteingaben, konfessionelle Gegenabstimmungen bis hin zu oberhirtlichen Erlassen[15] – und schließlich offiziellen Aufhebung katholischer Schulen im April 1939. Das öffentliche Ansehen katholischer Ordensgemeinschaften wiederum sollte durch eine Reihe von Prozessen[16] – wegen angeblicher Devisen- bzw. Sittlichkeitsvergehen (1935/36 bzw. 1936/37) – beschädigt und auf diese Weise die moralische Integrität der Orden infrage gestellt werden. Aus Angst vor Enteignung zogen sich infolgedessen bspw. die Alexianerbrüder 1937 aus ihrem Krankenhaus in Köln-Lindenthal zurück und übergaben es an die Cellitinnen aus der Antonsgasse.

Katholische Aktion: Die Katholische Aktion ist eine Laienbewegung in der katholischen Kirche, die das Laienapostolat propagiert, also Verkündigung des Evangeliums und caritative Betätigung jedes Einzelnen in der Nachfolge der Apostel. Besondere Unterstützung erhielt sie durch die Päpste Pius X. (1835–1914) und Pius XI. (1857–1939). In vielen Ländern übernahm sie Aufgaben der Caritas; in Deutschland konnte sich die Aktion durch die starke Position des katholischen Verbandswesens (und mit ihm des Caritasverbandes) nicht etablieren und erreichte lediglich als Sammelbegriff katholischer Laienaktivitäten Bedeutung.

Für Hitler-Jugend
samstags schulfrei
AUG. 1934

Das Vorgehen des NS-Regimes zielte darauf ab, die katholische Kirche aus dem öffentlich-gesellschaftlichen Leben weitestgehend zu verbannen und auf den Kirchenraum zu beschränken. Immer wieder bemühten sich die bischöflichen Behörden darum, einerseits mit Protesten und Verhandlungsgesprächen die Eigenständigkeit und Existenz der Kirche gegenüber den NS-Behörden zu behaupten, andererseits mit Hirtenbriefen und anderen öffentlichen Äußerungen die katholische Bevölkerung moralisch zu stützen. Über allem stand jedoch der Wunsch, den Nationalsozialisten durch unbedachte Handlungen möglichst wenig Angriffsfläche zu bieten.[17]

Einschränkung kirchlicher Sammlungen

Trotz der zunächst günstig erscheinenden Voraussetzungen für die konfessionelle Wohlfahrt waren im Laufe der Jahre auch die Gliederungen der Caritas immer stärker von Einschränkungen betroffen. Symptomatisch ist das Feld der Kollekten und Sammlungen. Hier verbarg sich eine nicht unbedeutende Einnahmequelle; regelmäßig ordneten die kirchlichen Behörden Kollekten in verschiedenen Meinungen an: für Kirchen(neu)bauten und notleidende Pfarreien, für Vereine in Diaspora und Mission, für Seelsorge und katholische Erziehung sowie für Notleidende. Zudem führten Pfarreien und einige Ordensgemeinschaften regelmäßig Sammlungen durch. Eine Beschränkung erbrachte das 1934 erlassene „Sammlungsgesetz", das öffentliche Sammlungen generell von staatlicher Genehmigung abhängig machte. Lediglich Kollekten in Kirchen und unaufgeforderte, freiwillige Sachspenden, die auch am Pfarrhaus abgegeben werden durften, waren von der Genehmigung ausgenommen.[18] Anfang 1934 erhielt der Caritasverband darauf die Erlaubnis zur Abhaltung einer reichsweiten öffentlichen Haus- und Straßensammlung. In der Mitteilung an Kardinal Schulte maß der Präsident des Deutschen Caritasverbandes Kreutz dieser Bewilligung eine große Bedeutung „nicht nur für die Durchführung seiner [d. h. des Deutschen Caritasverbandes] weiterer Aufgaben, sondern für die kirchliche Liebestätigkeit als solche" bei und meinte, darin eine „wohlwollende Einstellung des neuen Reiches zur kirchlichen Liebestätigkeit"[19] zu entdecken. Von den Sammlungsergebnissen sollten drei Viertel in den Bistümern verbleiben, der Rest die Arbeit von Deutschem Caritasverband und reichsweiten Fachverbänden finanzieren. Die

Aktion erhielt den Namen „Deutscher Caritas-Volkstag". Tatsächlich war die Sammlung ein großer Erfolg; reichsweit erbrachte sie rund 2,2 Mio. RM[20] – die Zahlen für das Erzbistum Köln sind nicht überliefert. Hier lagen die Anfänge für die in der Nachkriegszeit mit großem Erfolg wiederaufgenommenen Caritassammlungen.

Die Kehrseite der großen Sammelaktion war allerdings ein generelles Verbot anderer öffentlicher Sammlungen in den Monaten November bis März, um die Erfolge des Winterhilfswerks nicht zu gefährden. So beschwerte sich Pfarrer Müller aus Kuchenheim (bei Euskirchen) im Generalvikariat, dass der NSDAP-Ortsführer den Franziskanerschwestern ihre gewohnte Herbstsammlung mit Hinweis auf die Erlasslage untersagt habe.[21] Eine weitere Einschränkung erbrachten die im Sommer 1935 behördlich verordneten dreimonatigen „Sammelferien", an die sich nahtlos die Sammlung des Winterhilfswerks anschließen sollte – auf dieser Grundlage wurde auch die erst kurz zuvor für die Rheinprovinz genehmigte Haussammlung des Katholischen Fürsorgevereins für Mädchen, Frauen und Kinder (Sammelzeitraum: 1. Juli bis 30. September) widerrufen.[22]

Auch 1935 durfte der Caritasverband erneut eine Haussammlung in den Bistümern durchführen. In der Genehmigung für das Kölner Erzbistum fügte der Reichsminister für Wissenschaft darüber hinaus an: „Ich ersuche, im Religionsunterricht auf die Arbeit des Deutschen Caritasverbandes hinzuweisen."[23] Trotz dieser günstigen Vorzeichen kam es in verschiedenen Städten zu massiven Behinderungen der Sammlung von offizieller Seite, was sich im darauffolgenden Jahr verstärkte: Die Aktion war zeitlich auf zwei Tage beschränkt und, anders als in den Vorjahren, zeitgleich mit Sammlungen der anderen Wohlfahrtsverbände angesetzt.[24] Dennoch gelang ein reichsweites Sammelergebnis von rund 2,7 Mio. RM. Dies bedeutete gleichzeitig das Ende des Caritas-Volkstages; im nächsten Jahr erfolgte ein Verbot der öffentlichen Sammlung. Die seit 1930 verordneten Caritaskollekten (siehe Kapitel 3) wurden jedoch weiterhin in allen Kirchen der Pfarreien, Klöstern und caritativen Anstalten abgehalten. 1937 konnten im Erzbistum Köln auf diese Weise 3.000 RM gesammelt werden, wovon 80 Prozent in der Erzdiözese verblieben.[25]

„Amt für Körperliche Erziehung" soll
Schüler und Studenten „wehrhaft" machen

FEBR. 1935

Auch Priester gerieten wegen der Bestimmungen des Sammlungs-
gesetzes ins Visier staatlicher Behörden. So berichtete Pfarrer Josef
Frings von St. Joseph (Köln-Braunsfeld), der spätere Kölner Erzbischof, dem Kölner Generalvikariat im Dezember 1934, dass er von
der Gauleitung wegen Verstoßes gegen das Sammlungsgesetz an-
gezeigt, daraufhin polizeilich vorgeladen und verhört worden sei.[26]
Stein des Anstoßes waren offenbar die Pfarrnachrichten mit dem
Bericht über eine „Pfundsammlung", die ein Ergebnis von mehreren
Zentnern Lebensmitteln, Kleidern und Schuhen hatte. Frings betonte
jedoch, dass die Sammlung nur innerhalb der Kirche stattgefunden
habe und daher gesetzeskonform gewesen sei. Die Sammlung hatte
dann auch kein weiteres juristisches Nachspiel für Frings und seine
Gemeinde.

Anders erging es dem Düsseldorfer Kaplan Matthias Eich von St.
Apollinaris. Dieser hatte im Januar 1935 schriftlich einen Aufruf an
die Förderer seines Pfarr-Jugendwerks gestartet, um weitere finan-
zielle Unterstützung gebeten und eine Zahlkarte für eine etwaige
„Sonderspende" beigelegt. Gegen ihn erging ein Strafbefehl: Sein
Einsatz brachte ihm sechs Tage Gefängnis ein.[27]

Die NSV übt Druck aus

Auch die NSV versuchte wiederholt, Mitglieder der Caritas für
sich zu vereinnahmen. Dabei wurde mitunter erhöhter Druck angewandt, indem die NSV-Werber etwa behaupteten, ein Betritt sei
trotz Caritasmitgliedschaft verpflichtend, und die Namen Unwilliger
in Tageszeitungen veröffentlichten. Der Diözesan-Caritasvorsitzende Lenné wandte sich Anfang April 1934 in der Angelegenheit an
den Präsidenten des Deutschen Caritasverbandes Kreutz und bat
um Klarstellung.[28] Diese erfolgte durch eine Stellungnahme der
NSV-Leitung, die im Kirchlichen Anzeiger veröffentlicht wurde. Die
Leitung verurteilte die Vorgehensweise der Werber und erklärte sie
im Übrigen auch nicht „mit der Würde eines Nationalsozialisten …
vereinbar". Künftig, so die Erklärung, sollten keine „Druckmittel"
mehr angewandt werden.[29]

Dennoch kam es durch das Verhalten der NSV auch weiter zu Miss-
stimmungen. So gab die NSV-Ortsgruppenführung in Duisdorf bei

Rheinlandbesetzung durch
Truppen der Wehrmacht
MÄRZ 1936

Bonn 1936 ein Flugblatt heraus, das die Sammlungsergebnisse des Winterhilfswerks 1935/36 mit Werbung und Aufruf zum Beitritt für die NSV verband. Unterschrieben war das Flugblatt, neben dem NSV-Ortsgruppenleiter, von den sieben katholischen Pfarrern des Amtes Duisdorf im Dekanat Alfter,[30] die als Pfarrcaritas-Vorsitzende mit der Durchführung der Sammlungen betraut waren. Daraufhin richtete der Kölner Generalvikar David ein Schreiben an die Pfarrer mit der Bitte um Klärung. Die erbosten Antwortschreiben der Pfarrer äußerten sich einmütig über den Vorgang: Pfarrer Gehlen aus Röttgen berichtete etwa, die Ortsgruppe des Winterhilfswerks habe lediglich angefragt, ob er einen Dank an die spendenfreudige Duisdorfer Bevölkerung für die Erfolge der letzten Sammlung mit unterschreiben wolle. Als der Pfarrer kurz darauf den Text des Flugblattes zu Gesicht bekommen habe, versuchte er entrüstet, seine Unterschrift zurückzuziehen. Angeblich habe das Flugblatt sich jedoch schon im Druck befunden. Der Geistliche fühlte sich getäuscht und fragte beim Generalvikar an, ob er am nächsten Sonntag von der Kanzel eine Richtigstellung verkünden dürfe. Die Erwiderung des Generalvikars ist nicht bekannt.

Auch der Gemeindepfarrer in Opladen sah sich mit Täuschungsversuchen der NSV konfrontiert. Die Opladener NSV-Ortsgruppe hatte beim Pfarrer wegen der Übergabe von Weihnachtsgeschenken an Bedürftige angefragt. Um eine Überschneidung zu vermeiden, so die NSV, möge der Pfarrer doch bitte alle Adressaten, denen durch die Caritas Päckchen überreicht werden sollten, mitteilen. Die Päckchen könnten dann der NSV übergeben werden, die sie zusammen mit den eigenen Geschenken austragen wolle. Der Pfarrer antwortete aufgebracht, eine „Doppelbetreuung" sei ausgeschlossen, denn „die Mittel, die unserer Ortscaritas zur Verfügung stehen, sind aus gut bekannten Gründen sehr gering". Auch wolle er die Namen der Einzelnen nicht nennen und die Päckchen selbst übergeben, denn „es geht uns bei dem Wenigen, was wir geben können, v. a. darum, den Leuten mit den Paketen einen frohen Gruß von der Kirche und ein liebes Wort unsererseits zu bringen"[31]. So blieben die Bemühungen der NSV in diesem Fall letztlich wirkungslos. Im Übrigen zeigen diese Fälle, mit welchem Nachdruck der totalitäre Staat in viele Lebensbereiche und selbst in die ureigensten Bereiche kirchlicher Fürsorge eingriff.

Die katholische Anstalt 1933: Katholische Anstalten in der ersten Hälfte des 20. Jahrhunderts befanden sich im Erzbistum Köln entweder in der Trägerschaft einer Pfarrgemeinde, einer Ordensgemeinschaft oder einer Stiftung bzw. eines Vereins. Die Leitung der Häuser oder zumindest die Pflege und Fürsorge oblag in den meisten Fällen einer caritativen Ordensgemeinschaft. Je nach Ausrichtung erfolgte die generelle Unterteilung in geschlossene (Krankenhäuser, Fürsorgeheime), halboffene (Kindergärten, Horte) oder offene (ambulante Krankenpflege) Fürsorge. Anders als heute handelte es sich bei den geschlossenen Anstalten in der Regel um funktionale Mischbetriebe, die bspw. ein Krankenhaus und ein Altenheim, dazu Nähschule und Kindergarten oder Hort unter einem Dach beherbergten. Oft unterhielten sie auch eine eigene kleinere Landwirtschaft zur Selbstversorgung.

Neben der Fürsorge für Notleidende widmete sich der Caritasverband in den Jahren der nationalsozialistischen Herrschaft weiterhin den bekannten Arbeitsfeldern. Dabei wurde – im Rahmen der gesetzlichen Vorgaben – kein Unterschied zwischen „arischen" und „nicht-arischen" (jüdischen) Hilfsbedürftigen gemacht. Elisabeth Lakemeier, Sachbearbeiterin in der Kölner Diözesan-Caritasgeschäftsstelle, vermerkte bereits 1934: „Die Hilfe für nicht-arische Personen wird schwerer. Ist es doch streng verboten, irgendwelche finanzielle Hilfen zu geben. Da bleibt es meist nur übrig, durch geduldiges Anhören Mitgefühl zu bezeigen, auf Personen und Einrichtungen zu verweisen, von denen wir wissen, dass sie Hilfe leisten können, und als letzte Möglichkeit, bei der Auswanderung behilflich zu sein. Von diesen geringen Möglichkeiten wird aber reichlich Gebrauch gemacht."[32] Die in den ersten Jahren noch so wichtige Fürsorge für Arbeitslose verlor durch das kontinuierliche Absinken der Erwerbslosenzahlen nach und nach an Bedeutung. Dagegen erlebten die Schulungskurse für Mitglieder besonderen Zulauf. Neu waren v. a. rechtspraktische Kurse, etwa zum Sammlungsgesetz. Durch die veränderte Gesetzeslage, u. a. das neue Arbeitsrecht, ergaben sich für den Caritasverband auch neue Betätigungsgebiete: V. a. die Anstalten, die nun einheitliche Tarifverträge mit ihren Arbeitnehmern abschließen mussten, hatten Beratungsbedarf. Zu kirchlichen Beauftragten, die die Durchführung der Tarifanpassung überwachen sollten („Bischöfliche Sozialbeauftragte"), wurden 1936 im Erzbistum Köln die Diözesan-Caritasleiter Dr. Becker und Dr. Lenné ernannt.[33] So konnte die Kirche gegenüber der Deutschen Arbeitsfront (DAF), die alle nichtkirchlichen Anstalten vertrat, die besondere Position ihrer Anstalten behaupten. Zugleich gelang eine engere Bindung der Häuser an den Caritasverband. Weiterhin beriet sie der Caritasverband in Rechtsfragen wie Trägerschaft, Personalverträge (d. h. Chefärzte) und Gestellung von Ordensschwestern.

„Reichsgemeinschaft freier Caritasschwestern"

1937 nahm der Diözesan-Caritasverband darüber hinaus eine Vereinsneugründung unter seine Fittiche: Laut einer NSV-Bestimmung von 1936 mussten examinierte Krankenschwestern einer Schwesternorganisation angehören. Dies waren etwa die NS-Schwesternschaft oder die Schwesternschaften der Inneren Mission und des Deutschen

Caritasschwestern

Roten Kreuzes. Die katholische Antwort hierauf war im Herbst 1937 die Gründung einer „Reichsgemeinschaft freier Caritasschwestern (RfC)". Die Leitung der Diözesancaritas-Schwesternschaft im Erzbistum Köln übernahm die bereits erwähnte Elisabeth Lakemeier, selbst ausgebildete Krankenschwester. Sie veranstaltete regelmäßig Schulungskurse und Fortbildungen für die Schwestern, aber auch Einkehrtage und Andachten. In verschiedenen Orten wie Bonn, Düsseldorf oder Essen übernahm auch die Ortscaritas die Betreuung der Schwestern.[34] Im Bereich der Krankenpflege erfolgte also gerade wegen des staatlichen Drucks eine Bündelung zuvor unverbunden nebeneinander wirkender Pflegekräfte. Dies stärkte auch den Caritasverband.

Der Kölner Diözesan-Caritasverband konnte in diesen Jahren trotz der Bedrängnisse von staatlicher Seite effektiv wirken. Aufschluss hierüber geben zwei Finanzprüfungsberichte der Jahre 1933 bzw. 1935–1937. Beide Berichte zeigten sich voll des Lobes über den Zustand der Finanzen sowie der Buchführung im Verband. 1937 urteilten die bischöflichen Prüfer: „Die Buchführung ist äußerst korrekt, ordentlich und sauber geführt" und werteten abschließend: „Alles in allem stellen sich die Vermögensverhältnisse des Diözesan-Caritasverbandes Köln … als in jeder Beziehung gesund dar. Sie zeigen,

Elisabeth Lakemeier:
Elisabeth Lakemeier (1895–1992) war ausgebildete Krankenschwester. Von 1925 bis zu ihrer Pensionierung 1960 arbeitete sie in der Diözesan-Caritasgeschäftsstelle, war zuständig für Kinderlandverschickung, Kuraufenthalte von Ordensschwestern, aber auch statistische Erhebungen sowie die Betreuung der Bibliothek. Seit 1937 war sie zudem Leiterin der neu gegründeten Diözesangemeinschaft der Caritasschwesternschaft im Erzbistum Köln. 1967 erschien die von ihr verfasste erste Chronik des Diözesan-Caritasverbandes.

Zahl der Arbeitslosen in Deutschland unter 1 Mio.

APR. 1937

„Mit brennender Sorge":
Unterstützung gegen die nationalsozialistischen Angriffe erfuhren die deutschen Katholiken durch Papst Pius XI. (1922–1939) und seine 1937 veröffentlichte Enzyklika mit den Eröffnungsworten „Mit brennender Sorge". Hierin verurteilte er die Kirchenpolitik des Regimes sowie die gegen Juden und alles „Fremde", „nicht-arische" gerichtete Rassenpolitik in scharfer Weise. Die Enzyklika wurde am Palmsonntag von allen Kanzeln verlesen, ihre weitere Verbreitung jedoch vom Regime unterbunden.

dass die Verwaltung in der Anlage und Erhaltung der Vermögenswerte stets mit Umsicht und mit der für einen derartigen Verband notwendigen, vorsichtigen und verantwortungsvollen Haltung gearbeitet hat und geleitet worden ist …"[35] Auf dieser Grundlage konnte der Kölner Diözesan-Caritasverband etwa im Jahr 1936 über 75.000 Familien und nahezu 26.000 Einzelpersonen mit Geld- und Sachspenden unterstützen. Klöster und caritative Einrichtungen hatten im selben Zeitraum über 3 Mio. Mahlzeiten bzw. Essenspakete ausgegeben. Insgesamt nannte der Tätigkeitsbericht 1936 für den Kölner Diözesan-Caritasverband „610 Anstalten und 2.314 sonstige Einrichtungen mit 63.953 Plätzen. In ihnen arbeiten 8.750 Schwestern und mit diesen viele Tausende ehrenamtlicher Helfer und Helferinnen"[36].

Die Einschränkung kirchlichen Wirkens zeigt sich deutlich in der Diözesansynode von 1937: Bereits 1933 hatten Planungen für eine Diözesansynode stattgefunden. Hierzu hatte Kardinal Schulte im März des Jahres verschiedene vorbereitende Kommissionen einberufen, darunter erneut eine „Kommission für caritative und soziale Fragen". Zum Vorsitzenden ernannte der Erzbischof den Diözesan-Caritasvorsitzenden Lenné; weiterhin gehörten ihr Caritasdirektor Becker sowie verschiedene Ortscaritasleiter, Pfarrer und Vereinsvorsitzende an.[37] Bereits in der ersten Sitzung wurde eine Prioritätenliste der zu besprechenden Themen festgelegt. Neben den „klassischen" Fürsorgethemen fanden sich drängende Zeitfragen wie das „Problem des ‚unwerten Lebens'" oder Fortbildungen und Schulungen zu Wohlfahrtsgesetzen und Bestimmungen, dazu die Ausbildung des Klerus auf diesem Gebiet. Auch die stärkere Strukturierung der Pfarrcaritas war ein wiederkehrendes Thema. Anders als 1922 fanden sich jedoch in den schließlich gedruckten Beschlussvorlagen („Leitsätze und Anträge") keine eigenen Dekrete zur Caritasarbeit. Einzig im Bereich der „Seelsorge und die Not der Gegenwart" wurde die Caritas erwähnt; diese Vorlage befasste sich allerdings v. a. mit der Ausbildung bzw. Schulung von Priestern und Laien.

Die aufwendig vorbereitete Synode musste jedoch verschoben werden. Der Erzbischof begründete dies im Herbst 1933 damit, dass „die

Auswirkung des Reichskonkordates auf die verschiedenen Gebiete des kirchlichen Lebens sich noch nicht so klar überschauen" ließe und man daher nicht wisse, ob die Dekrete einer Synode „die neuen Verhältnisse ausreichend berücksichtigen"[38] würden. Daher solle zunächst lediglich eine Diözesankonferenz tagen. Erst vier Jahre später, am 28./29. April 1937, fand die Diözesansynode schließlich statt. Schon bei der Einberufung dämpfte Kardinal Schulte die Erwartungen, indem er erklärte, dass die Synode wegen der Bedrängnisse der Zeit „für manche überaus wichtige Bereiche der Seelsorge und des kirchlichen Lebens unmöglich schon jene abschließende Klärung und sichere Wegweisung bringen könne […], die so dringend zu wünschen"[39] wären. Zwar nahmen der Diözesan-Caritasvorsitzende Lenné und Caritasdirektor Becker an der Synode teil, die Arbeit des Caritasverbandes oder auch nur der Begriff „Caritas" wurden in den Dekreten jedoch mit keinem Wort erwähnt. Die letztendlich verabschiedeten Dekrete bewegten sich ausschließlich auf innerkirchlichem Gebiet: priesterliches Amt, Aus- und Weiterbildung des Klerus, christliche Erziehung und Kunstpflege.[40] So wurden nun alle Themenbereiche ausgeklammert, die neue staatliche An- oder Übergriffe hätten provozieren können.

Die ersten Jahre der nationalsozialistischen Herrschaft überdauerte der Diözesan-Caritasverband scheinbar ohne größere Einbußen. Seine Existenzberechtigung wurde von den Nationalsozialisten nicht infrage gestellt; versuchte Übergriffe durch die NSV konnte er in der Regel parieren. Ein Großteil seiner Verbandsmitglieder bestand institutionell unbeschadet weiter; auch die staatlichen Beschränkungen, etwa im Sammelwesen, vermochte der Verband finanziell auszugleichen. Dabei gelang ihm die Gratwanderung der Anpassung an die veränderten Gegebenheiten bei gleichzeitiger Behauptung seiner Eigenständigkeit. Die größte Bewährungsprobe für die Verbandsarbeit sollte der nun ausbrechende Krieg darstellen.

Goebbels eröffnet in München die
Propagandaausstellung „Der ewige Jude"

Nov. 1937

[1] Adenauer war im Vorhinein bedroht worden, für den Fall, dass er nach der Wahl nicht zurücktreten wolle. Er brachte daraufhin seine Familie bei Caritasdirektor Franz Müller im St.-Elisabeth-Krankenhaus (Köln-Hohenlind) in Sicherheit und floh von Köln nach Berlin, um einer Verhaftung zu entgehen, vgl. Klein, Drittes Reich, S. 70.

[2] Abdruck des Textes bei Gruber, Katholische Kirche, S. 96–109.

[3] Hirtenwort, in: KA vom 1. April 1933.

[4] AEK, CR I 22.31,4.

[5] Schreiben des Generalvikariats an die NSV vom 26. September 1933, in: AEK, Gen. I 15.2,5.

[6] Aufruf des Diözesan-Caritasverbandes Köln vom Oktober 1933, in: ADCV, 125.50 Fasz. 02.

[7] AEK, Gen. I 15.2,6.

[8] Prüfungsbericht 1937/38, in: AEK, CR I 22.31,4.

[9] Vgl. Lakemeier, Chronik, S. 60–61.

[10] Vgl. Scheidgen, Chronik, S. 6, 45. Anders als in der vorliegenden Literatur ausgewiesen, muss die Ernennung Beckers bereits 1933 (und nicht 1934) erfolgt sein, da er bereits im Prüfungsbericht der Diözesan-Caritasjahresrechnung von 1933 als Direktor beider Institutionen aufgeführt ist, in: AEK, CR I 22.31,4.

[11] Bericht über Prüfung der Jahresrechnung 1934, in: AEK, CR I 22.31,4.

[12] Vgl. Splett, Chronik, S. 45, 54–55.

[13] Vgl. Klein, Drittes Reich, S. 206.

[14] Vgl. v. Hehl, Erzbistum Köln, S. 86–90, 129–130, 175–176.

[15] Erlass Kardinal Schultes „Zum Kampf gegen die Bekenntnisschule", in: KA vom 15. Februar 1936.

[16] Zum Folgenden vgl. Hegel, Erzbistum Köln, S. 622–625.

[17] Dies dokumentiert eindrucksvoll das sechsbändige Werk von Stasiewski/Volk, Akten deutscher Bischöfe.

[18] Gesetzestext, in: KA vom 15. August 1934; Erläuterungen des Generalvikariats hierzu, in: KA vom 1. November 1935.

[19] Schreiben Kreutz an Erzbischof Schulte vom 6. März 1934, in: AEK, CR I 22.31,4.

[20] Vgl. Hammerschmidt, Wohlfahrtsverbände, S. 321.

[21] Schreiben Pfarrer Müller an das Generalvikariat vom 9. Oktober 1933, in: AEK, Gen. I 15.2,5.

[22] Mitteilung, in: KA vom 15. Juli 1935.

[23] Genehmigung der Straßensammlung 1935, in: AEK, Gen. I 22.31,4.

[24] Vgl. Wollasch, Beiträge, S. 179–194.

[25] Ergebnis im Prüfungsbericht 1937/38, in: AEK, CR I 22.31,4.

[26] Schreiben von Pfarrer Frings an das Generalvikariat vom 28. Dezember 1934, in: AEK, Gen. I 15.2,5.

[27] Der Vorgang und Strafbefehl gegen Kaplan Eich, in: AEK, Gen. I 15.2,5.

[28] Schreiben von Lenné an Kreutz vom 3. April 1934, in: ADCV, 125.50 Faszikel 02.

[29] Stellungnahme der NSV, in: KA vom 15. August 1934.

[30] Vorgang, in: AEK, CR I 22.31,4.

[31] Abschrift des Schriftwechsels, in: AEK, CR I 22.31,4.

[32] Vgl. Lakemeier, Chronik, S. 63.

[33] Schriftverkehr zum Vorgang, in: AEK, CR I 22.31,4; zur Beratung kirchlicher Anstalten vgl. auch Lakemeier, Chronik, S. 68.

[34] Zu Düsseldorf vgl. Brzosa, Düsseldorf, S. 628.

[35] Prüfungsberichte 1934 und 1937/38, in: AEK, CR I 22.31,4.

[36] Jahresbericht 1936 bei Lakemeier, Chronik, S. 70.

[37] Ernennung Lennés sowie Sitzungsprotokolle, in: AEK, DA Lenné 79.

[38] KA vom 15. September 1933.

[39] Entwurf, in: AEK, Gen. I 5.4b.

[40] Diözesansynode 1937.

„Die Caritas wird ihre ganze Kraft aufwenden, um mitzuhelfen die Wunden des Krieges zu lindern und zu heilen."

Präsident des Deutschen Caritasverbandes an
die Diözesan-Caritasverbände im September 1939

DER ZWEITE WELTKRIEG

Als die deutsche Wehrmacht am 1. September 1939 Polen überfiel und damit den Zweiten Weltkrieg auslöste, wurde das linksrheinische Gebiet des Kölner Erzbistums zum „Operationsgebiet" erklärt, das rechtsrheinische zum „Aufmarschgebiet". Dies hatte unmittelbare Folgen, nicht nur für die Bevölkerung der Rheinprovinz, sondern auch für die kirchlich-caritativen Anstalten und Klöster. In den nächsten Monaten erfolgten Einquartierungen von Truppen auf dem Weg an die Westfront, die sich zum Teil über mehrere Monate erstreckten. Bis zum Sommer 1941 wurden 245 derartige Einquartierungen in kirchliche Gebäude, Anstalten oder Klöster gemeldet.[1] Gleichzeitig kam es zur staatlichen Inanspruchnahme bzw. Beschlagnahmung kirchlicher Häuser, zumeist als Lazarette oder Hilfskrankenhäuser, in einigen Fällen auch für andere Zwecke, etwa den Luftschutz. Gesetzlicher Dreh- und Angelpunkt für diese Maßnahmen war das sog. Reichsleistungsgesetz (RLG), nach dem Personen oder Einrichtungen kriegsbedingt zur Gewährung von Unterkunft und/oder Verpflegung verpflichtet werden konnten. Auch der Präsident des Deutschen Caritasverbandes Kreutz rief im September 1939 die Diözesanverbände dazu auf, „soweit nur immer möglich, bereitwillig ihre Anstalten und Einrichtungen in den Dienst der allgemeinen Aufgaben [zu] stellen, die aus der gegenwärtigen Lage notwendig sind und werden …".[2] Die Einquartierungen betrafen ebenso Privathaushalte; auch die Mitglieder des Domkapitels, darunter Prälat Lenné, mussten im Frühjahr 1940 je ein oder zwei Zimmer für die Unterbringung von Offizieren zur Verfügung stellen.[3]

Schaffung Kirchlicher Kriegshilfestellen

Aufgrund der Fülle der neuen Herausforderungen, die aus der Kriegssituation erwuchsen, hatten die deutschen Bischöfe den Deutschen Caritasverband sofort nach Kriegsbeginn mit der Einrichtung einer Zentralstelle für Kirchliche Kriegshilfe, ansässig beim Zentralverband in Freiburg, beauftragt.[4] In den einzelnen Bistümern sollten Diözesanstellen entstehen. Der Kölner Erzbischof Schulte war in diesem Bereich erfahren, hatte er doch bereits im Ersten Weltkrieg in seiner damaligen Paderborner Diözese eine über die Bistumsgrenzen bekannte und hochgelobte Kriegshilfestelle ins Leben gerufen (siehe Kapitel 2). Die Kölner Diözesanstelle sollte ihre Aufgaben in Verbindung mit dem Kölner Diözesan-Caritasver-

Mutterkreuz wird erstmals verliehen
MAI 1939

band durchführen und wurde konsequenterweise geleitet durch den Diözesan-Caritasvorsitzenden und erzbischöflichen Caritasreferenten Lenné. Ihre Aufgaben waren zum einen eine beratende Tätigkeit in allen Belangen, die kirchliche Anstalten, Pfarreien oder Ordenshäuser kriegsbedingt betrafen: Rechtsberatung bei Inanspruchnahmen und Beschlagnahmungen, Beratung von dienstverpflichteten Ordensschwestern und einberufenen Priestern (im angeschlossenen „Kommissariat für Kriegskrankenpflege der dem Ordensstand angehörenden Pflegepersonen"), Klärung staatlicher Bestimmungen, etwa zum Kirchenluftschutz, Weitervermittlung von Anfragen zu vermissten Wehrmachtsangehörigen sowie – immer wichtiger im Kriegsverlauf – Beschaffung von Unterkünften für „Fliegergeschädigte". Zum anderen war die Kriegshilfe zuständig für die Kriegsseelsorge, den Versand religiöser Schriften, die seelsorgliche Betreuung von Kriegsgefangenen und ausländischen Zivilarbeitern sowie die Ausstattung einberufener Priester mit „Feldmesskoffern" zur Feier der Hl. Messe. Daneben erstellte die Diözesanstelle laufend Erhebungen zur „Kriegsleistung" bzw. -belastung kirchlicher Anstalten und Personen. Zur Finanzierung der Kriegshilfe sollten laut der Fuldaer Bischofskonferenz deutschlandweit Diözesankollekten abgehalten werden; dies war im Erzbistum Köln vorerst nicht nötig – die Arbeit konnte aus den Erträgen der Caritaskollekte finanziert werden.[5]

Auch Caritasdirektor Becker bemühte sich, die Verbandsarbeit in der Kölner Geschäftsstelle neu zu strukturieren und für die Kriegserfordernisse zu optimieren. Hierzu übersandte er dem Vorsitzenden Lenné im April 1940 den Entwurf eines „Arbeitsplans", der die einzelnen Bereiche und Zuständigkeiten innerhalb der Geschäftsstelle genauer voneinander abgrenzen sollte.[6] Insbesondere erfolgte eine Unterteilung in „Kriegscaritas" und „sonstige Caritas". Erstere umfasste neben der bereits erwähnten Kriegshilfe auch die „Kriegswirtschaft", die Hilfestellung bei praktischen Fragen wie der Beschaffung von Lebensmitteln, Bezugsscheinen oder Rohstoffen (Stoffe, Holz, Eisen, Stahl …) für die Anstalten geben sollte. Der Bereich „sonstige Caritas" enthielt die bekannten Fürsorge- und Seelsorgegebiete, aber auch die Caritas-Schwesternschaft, Schulungen sowie Beratungen der Anstalten in allgemein rechtlichen Belangen, v. a.

Premiere von „Vom Winde verweht"

Dez. 1939

gegenüber der NSV. Vom Einsatz des Büros für jüdische Mitbürger zeugt ein eigener Arbeitsbereich „Nichtarier", über dessen Arbeit jedoch nichts Näheres bekannt ist.[7] Die Leitung der Kriegshilfe sollte Dr. Lenné, die der anderen Bereiche Dr. Becker unterliegen, unterstützt von zwei „Hilfssachbearbeiterinnen" (u. a. Elisabeth Lakemeier). Der Arbeitsplan wurde von Lenné nach einer Besprechung mit Caritasdirektor Becker in der vorliegenden Form genehmigt.

Ambivalenz prägt den religiösen Alltag

Die „Illusion eines Burgfriedens"[8], den das NS-Regime den Katholiken zu vermitteln suchte, also die Aussicht auf Einstellung der Bedrängung und Schikanierung der Kirche während des Krieges, konnte die Besorgnis deutscher Katholiken nur vorübergehend dämpfen. Insgesamt blieb die Haltung der Katholiken ambivalent: Einerseits lehnte der Großteil der katholischen Bevölkerung weiterhin die nationalsozialistische Ideologie mit ihren kirchenfeindlichen Angriffen ab, andererseits waren auch (oder gerade) die Katholiken durchaus Patrioten. Der Kriegsausbruch hatte dann weitere staatliche Beschränkungen für das kirchliche Leben erbracht. Insbesondere seit Beginn des Bombenkrieges wurden Manifestationen kirchlichen Lebens wie Glockenläuten oder die Abhaltung von Prozessionen und Wallfahrten im Zuge der Luftschutzbestimmungen verboten oder zumindest stark eingeschränkt. Die militärische Einberufung von Priestern führte daneben im Laufe der Zeit zu einem regelrechten Seelsorgenotstand: Ganze Weihejahrgänge befanden sich an der Front; Pfarrer, die häufig für 3.000 oder mehr Pfarrangehörige seelsorglich zuständig waren und in Friedenszeiten zwei oder drei Kapläne zur Unterstützung gehabt hatten, standen nun allein da. Dennoch kam es in der Kriegszeit zu einer Intensivierung des kirchlichen Lebens; die Mitte der 1930er-Jahre angestiegene Zahl an Kirchenaustritten sank, die Teilnahme an Wallfahrten und am sonntäglichen Messbesuch nahm zu.[9]

Ein bevorzugtes Ziel für nationalsozialitische Angriffe boten weiterhin die katholischen Ordensgemeinschaften. Die Prozesswellen der 1930er-Jahre (siehe Kapitel 4) hatten nicht die gewünschte demoralisierende Wirkung im katholischen Volksteil gezeigt. Daher entschloss sich die Geheime Staatspolizei 1941 zur Durchführung

SS-Führer Heinrich Himmler ordnet die Errichtung des KZ Auschwitz an

MÄRZ 1940

zweier Aktionen, um Einfluss und öffentliche Präsenz der Orden systematisch zu unterbinden. In einer „Blitzaktion" wurden im Frühjahr sämtliche katholischen Kindergärten im Regierungsbezirk Köln beschlagnahmt und der Leitung der NSV unterstellt. Die dort tätigen Angestellten, in der Regel Ordensschwestern, konnten nicht ohne Weiteres ersetzt werden und galten daher als dienstverpflichtet.[10] Dieses Vorgehen knüpft inhaltlich an die Verdrängung von Ordensschwestern aus nicht-kirchlichen Krankenhäusern an: Hier waren in vielen Häusern bereits in der Vorkriegszeit Ordens-Gestellungsverträge gekündigt worden, mit dem Ziel, die Schwestern flächendeckend durch NSV-Mitglieder, sog. „Braune Schwestern", zu ersetzen. Dies erwies sich aufgrund des Fachkräftemangels als nicht durchführbar, sodass der Reichsinnenminister 1937 eine Anweisung an die Regierungspräsidenten richtete, mit dem Inhalt, Ordensschwestern aus eben jenem Grund nicht mehr aus den Krankenhäusern zu „entfernen".[11]

Hatten diese Aktionen schon für große Beunruhigung in der katholischen Bevölkerung und Proteste durch die bischöflichen Behörden gesorgt, so steigerte das weitere Vorgehen der Behörden den Aufruhr noch: Im Frühjahr und Sommer des Jahres 1941 kam es zur Enteignung einer scheinbar willkürlich ausgewählten Zahl von Klöstern und kirchlichen Anstalten.[12] Die Klosterbewohner mussten häufig innerhalb weniger Stunden ihr Haus verlassen. Die Enteignungen betrafen auch kontemplativ ausgerichtete Klöster wie das der Benediktinerinnen von der Ewigen Anbetung in Bonn-Endenich. Bei den 138 Schwestern dieses Klosters stellten sich nun nicht nur die Fragen des Verbleibs und der Unterkunft, vielmehr mussten sie um ihren Lebensunterhalt, den bislang eine Hostienbäckerei und Paramentenstickerei gesichert hatten, bangen. Die zunächst angesteuerten Benediktinerinnenklöster in Kreitz, Kempen und Köln konnten eine solch große Zahl zusätzlicher Schwestern nicht dauerhaft unterbringen. Hier wurde der Diözesan-Caritasverband tätig: Die arbeitsunfähigen Schwestern, gebrechliche oder chronisch kranke, erhielten durch die Vermittlung der Geschäftsstelle Unterkunft in verschiedenen Alten- und Pflegeheimen; die als arbeitsfähig eingestuften Schwestern wurden auf verschiedene caritative Anstalten im Köln-Bonner Raum verteilt.[13]

„Klostersturm": Im Frühjahr und Sommer 1941 erfolgte reichsweit eine überfallartige Räumung und Enteignung von 123 Klöstern und kirchlichen Anstalten. Im Erzbistum Köln waren es 18 Häuser, darunter die Jesuitenniederlassungen in Köln, Bonn und Düsseldorf, die Redemptoristenklöster in Bonn und Geistingen, das Herz-Jesu-Kloster in Pützchen (bei Bonn), die Benediktinerabtei Michaelsberg in Siegburg sowie erzbischöfliche Häuser wie das Altenberger Exerzitienhaus und das Bensberger Priesterseminar. Im Sommer wurde die Aktion wegen der in der Bevölkerung entstandenen Unruhe durch Hitler selbst gestoppt.

*Angriff der Wehrmacht auf die Sowjetunion
beginnt („Unternehmen Barbarossa")*

22. JUNI 1941

Büste Josef Kardinal Frings
(1887–1978)

Erzbischof Josef Frings

Dies alles geschah in einer Zeit, in der der Kölner Erzbischofsstuhl unbesetzt war: Nach dem Tod des langjährigen Oberhirten Kardinal Schulte am 10. März 1941 leitete der vormalige Generalvikar Emmerich David (1882–1953) die Erzdiözese über ein Jahr lang als Kapitularvikar. Er führte die Diözese – innerhalb der kirchenrechtlichen Grenzen, die sein Amt vorgab – mit energischer Hand, v. a. gegenüber den nationalsozialistischen Angriffen. Erst im Mai 1942 erfolgte die Wahl des gebürtigen Neussers Josef Frings (1887–1978), seit 1937 Regens des erzbischöflichen Priesterseminars, zum Erzbischof von Köln.[14] Bei seiner Weihe im darauffolgenden Monat waren die grundlegenden Weichen der kirchlichen Selbstbehauptung gestellt. Frings anerkannte die Leistungen Davids und ernannte ihn erneut zum Generalvikar, ein Posten, den dieser bis zu seiner Emeritierung 1952 innehaben sollte.

Bereits wenige Monate nach seiner Einführung musste Erzbischof Frings weitere personelle Entscheidungen treffen. Caritasdirektor Becker, der schon länger die Versetzung auf eine Seelsorgestelle gewünscht hatte, wurde Anfang 1943 als Pfarrer in Siegburg (St. Servatius) eingeführt, sodass die Notwendigkeit zur Neubesetzung seines Amtes bestand. Generalvikar David bat zunächst Domkapitular Lenné um die kommissarische Führung der Geschäfte des Diözesan-Caritasverbandes.[15] Da sich die Zuständigkeiten des Kölner Diözesan-Caritasdirektors offenbar von der in anderen Diözesen unterschieden, fragte Erzbischof Frings in dieser Angelegenheit zunächst beim Präsident des Deutschen Caritasverbandes Kreutz nach. Erst dann ernannte Frings den Düsseldorfer Priester Karl Boskamp am 25. Januar 1943 zum Kölner Diözesan- und gleichzeitig Ortscaritasdirektor.[16] Diese Personalunion, in der Nachfolge von Dr. Becker, sollte bis zum Kriegsende bestehen bleiben.

Beginn der „Ära Boskamp"

Der Amtsantritt von Direktor Boskamp fiel in eine Zeit, in der sich die Auswirkungen des Krieges auf die (v. a. städtische) Bevölkerung und auch auf die caritativen Anstalten verschärften. Die Anstalten hatten seit Kriegsbeginn durch Einberufungen und Dienstverpflichtungen mit einem Mangel an qualifizierten Arbeitskräften zu

Geschwister Scholl
von Gestapo verhaftet
18. FEBR. 1943

kämpfen. Zur genaueren Übersicht über die Belastungen erstellte die Kriegshilfestelle im Frühjahr und Sommer 1942 zwei Umfragen über die „Kriegsleistungen der caritativen Anstalten und Einrichtungen" bzw. der Ordensgenossenschaften.[17] Hinzu trat seit 1942/43 der Bombenkrieg, der zunächst v. a. die rheinischen Großstädte betraf. Der erste große Luftangriff auf die Stadt Köln vom 31. Mai 1942 („Tausend-Bomber-Angriff") hatte bereits über 45.000 Menschen obdachlos gemacht, 21 Kirchen waren schwer beschädigt oder zerstört, darunter die romanischen Kirchen St. Maria im Kapitol, St. Gereon und St. Aposteln.[18] Auch 19 kirchliche Anstalten und Klöster wurden ganz oder teils zerstört, u. a. die Mutterhäuser der Vinzentinerinnen, der Cellitinnen (Antonsgasse, Kupfergasse) und das St.-Hildegardis-Krankenhaus in Köln-Lindenthal.[19] Die Angriffe auf die rheinischen Städte mehrten sich; eine der verheerendsten Bombardierungen in der Stadt Köln war der sog. „Peter-und-Paul-Angriff" (28./29. Juni 1943), der 4.377 Menschen tötete. Bei diesem wurden auch zentrale kirchliche Gebäude zerstört, u. a. das Erzbischöfliche Palais und das Generalvikariat. Teile der erzbischöflichen Verwaltung zogen daraufhin nach Honnef ins Antoniusheim; Erzbischof Frings siedelte zunächst ins St.-Elisabeth-Krankenhaus des Deutschen Caritasverbandes in Köln-Hohenlind um. Ein folgenschwerer Verlust für den Diözesan-Caritasverband war die vollständige Zerstörung der Geschäftsstelle in der Georgstraße. Hier verbrannten neben der Einrichtung auch das gesamte Archiv des Verbandes und die Bibliothek. Das im selben Haus untergebrachte Büro des Ortscaritasverbandes verbrannte gleichfalls mit allem Inventar.[20] Das Caritasbüro zog nun in das Haus des Direktors am Georgsplatz, das beschädigt, aber in Teilen noch bewohnbar war. Auch die Caritasbüros verschiedener anderer rheinischer Städte wurden im gleichen Zeitraum zerstört, u. a. in Düsseldorf, Oberhausen, Mülheim/Ruhr, Wuppertal und Essen.[21]

Zwischenzeitlich dachte man offenbar auch über eine Evakuierung der Geschäftsstelle ins Collegium Leoninum in Bonn nach – hiervon zeugt eine Aufstellung zur „Zimmereinteilung und Zimmerbeschriftung für alle Fälle" vom September desselben Jahres.[22] In zwölf Zimmern sollten, neben den Räumen für Direktion und Sekretariat, auch die Diözesanstellen der Kirchlichen Kriegshilfe und der Wan-

Prälat Karl Boskamp (1907–1983): Über 20 Jahre lang Diözesan-Caritasdirektor (1943–1965), 1943–1945 zusätzlich Kölner Ortscaritasdirektor, 1965–1979 Erster Vorsitzender des Diözesan-Caritasverbandes, 1945–1983 Pfarrverweser an St. Georg und maßgeblich an dessen Wiederaufbau nach dem Krieg beteiligt. Sein Verdienst waren insbesondere die Erhaltung des Verbandes im Krieg und die organisierte Evakuierung von Kinderheimen und alten Menschen sowie der Wiederaufbau der Caritas nach Kriegsende.

Bei Bombenangriff auf Köln
wird der Dom schwer beschädigt

29. JUNI 1943

St.-Hildegardis-Kranken-
haus in Köln-Lindenthal,
1944

„Wandernde Kirche": 1934
errichteten die deutschen
Bischöfe den sog. Katholischen Seelsorgedienst für
die „Wandernde Kirche".
Gemeint war die Vielzahl der
Katholiken, die durch
verschiedene, von den Na-
tionalsozialisten verordnete
Pflichtarbeitsdienste wie das
Landjahr, später auch durch
Evakuierungen aus ihrer
gewohnten Pfarrgemeinde-
struktur gerissen worden
waren und deren seel-
sorgliche Betreuung nun
ungewiss war. Der Seel-
sorgedienst sollte diese
Lücke schließen, indem
er Seelsorge mit dazu
entsandten Priestern auch in
Diaspora-Gebieten leistete.
Die Zentrale befand sich in
Berlin, daneben wurden Diözesanstellen in den einzelnen Bistümern eingerichtet.

dernden Kirche[23] untergebracht werden. Aufgrund verschiedener Bedenken Lennés, der nun – selbst ausgebombt – in Oedekoven bei Bonn wohnte, kam es jedoch nicht zur Ausführung dieses Plans.

Die Arbeit des Diözesanverbandes konnte während des Krieges nur eingeschränkt stattfinden. So trat der Diözesanausschuss, der laut Satzung mindestens einmal pro Kalenderjahr einberufen werden sollte, seit 1940 nicht mehr zusammen.[24] Luftangriffe und zerbombte Verkehrswege hatten die Anreise für die Ortscaritasvertreter zunehmend erschwert bzw. unmöglich gemacht. Gleichzeitig stiegen kriegsbedingt die Anforderungen an den Verband. Zur Finanzierung wurden weiterhin jährliche Caritaskollekten und Kollekten für Notleidende abgehalten. 1940 erbrachte die Kollekte bistumsweit bspw. über 145.000 RM, im Folgejahr ebenfalls 155.000 RM[25] – eine beeindruckende Summe angesichts des Krieges. Teile der Kollekte wurden für die „Wandernde Kirche" genutzt, weitergeleitet an Priester in Thüringen und Sachsen zur finanziellen Unterstützung evakuierter Katholiken.[26] Die Geschäftsstelle leistete auch direkte finanzielle Hilfe; Direktor Boskamp erbat etwa im Juni 1943 von Prälat Lenné treuhänderisch etwas Geld, um „verschämte Arme", die vermehrt sein Büro aufsuchten, aber nicht namentlich erfasst werden wollten, unbürokratisch unterstützen zu können.[27]

Juden verlieren sämtlichen Rechtsschutz

01. JULI 1943

An der Spitze des Diözesan-Caritasverbandes bahnte sich derweil das Ende einer Ära an. 1944 ersuchte der 66-jährige Vorsitzende Domkapitular Lenné, der den Diözesanverband seit dessen Anfängen begleitet und geleitet hatte, den Kölner Erzbischof altersbedingt um seinen Rücktritt. Frings nahm bedauernd an und ernannte Lenné gleichzeitig zum Ehrenvorsitzenden des Diözesanverbandes. Neuer Vorsitzender wurde der in caritativer Verbandsarbeit erfahrene Dr. Franz Müller, der Direktor des St. Elisabeth-Krankenhauses in Köln-Hohenlind.[28] Bei diesem Haus in der Trägerschaft des Deutschen Caritasverbandes hatte Frings nach seiner Ausbombung Wohnung gefunden und so auch näheren Kontakt zu Müller aufgebaut. Gleichzeitig mit der Vorstandtätigkeit fungierte Müller, wie zuvor Lenné, als erzbischöflicher Beauftragter für Caritasfragen.

Situation in Fürsorgeanstalten

Der zunehmende Bombenkrieg rückte insbesondere die geschlossenen Fürsorgeanstalten in den Fokus der Caritasarbeit. Immer mehr Krankenhäuser erlitten Schäden oder Zerstörungen durch die Fliegerangriffe; die verbleibenden Häuser mussten deren Patienten mitversorgen, hatten dafür durch den Arbeitskräftemangel nicht einmal genügend Personal. Arbeitsschichten der Ordens- und weltlichen Schwestern von 12–14 Stunden waren die Regel. Städtische Heime waren in ländliche Gebiete evakuiert, dort ansässige Anstalten häufig durch Evakuierte überfüllt. Die Kirchliche Kriegshilfestelle organisierte seit 1942/43 verstärkt die Unterbringung fliegergeschädigter Obdachloser sowie die Evakuierung von Alten- und Kinderheimen. Die Anstaltsplätze wurden im Kriegsverlauf allerdings zunehmend knapp. In einem undatierten Schreiben (um 1943) an alle Waisenhäuser und Erziehungsheime in der Erzdiözese machte der Diözesan-Caritasverband darauf aufmerksam, dass immer häufiger Erziehungsberechtigte, die Kinder in Heimen unterbringen wollten, von diesen wegen Überfüllung abgewiesen würden – ein Zustand, der unhaltbar sei. Daher wurden die Anstalten aufgefordert, ihre Heimkinder auf „Familienreife" zu überprüfen und ggf. in Pflegefamilien zu entlassen. Damit könne wieder Platz für andere, bedürftige Kinder gemacht werden.[29] Andererseits beschwerten sich die Kölner Behörden 1944 bei Frings darüber, dass „die städtischen Krankenhäuser ... mit alten Leuten verstopft"[30] seien, begleitet von

Ehrendomherr Dr. Franz Müller (1900–1989): 1932–1938 Münchener Diözesan-Caritasdirektor, 1938–1947 Direktor des St. Elisabeth-Krankenhauses (Köln-Hohenlind), 1944–1949 Erster Vorsitzender des Kölner Diözesan-Caritasverbandes, nach dem Krieg Aufbau und Leitung der Hauptvertretung des Deutschen Caritasverbandes für die britische Besatzungszone in Köln (siehe Kapitel 6), 1949–1951 Präsident des Deutschen Caritasverbandes, 1952–1971 Leiter des Katholisch-Sozialen Instituts der Erzdiözese Köln in Bad Honnef.

Erfassung aller wehrfähigen Männer von 16 bis 60 Jahren für Volkssturm

Sept. 1944

Hans Carls (1886–1952),
Caritasdirekor Wuppertal

der Frage, ob man diese nicht auf dem Land unterbringen könne, um die Krankenhäuser wieder frei zu machen für ihren eigentlichen Auftrag, die medizinische Betreuung von Kranken. Frings stellte in seiner Antwort die beklemmende Situation ländlicher Anstalten dar, „mit flehentlichen Bittgesuchen für die alten Leute überhäuft" und beim besten Willen nicht mehr in der Lage, diesen allen stattzugeben. Immerhin habe der Caritasverband bereits mehrere Hundert alte Leute in anderen Diözesen und sogar in Schlesien untergebracht; die Kapazitäten, so Frings, seien nun erschöpft.[31]

Im Visier der Nationalsozialisten

Dabei sollte diese punktuelle Kooperation zwischen Kirche und Behörden nicht darüber hinwegtäuschen, dass sich Angehörige der Kirche – neben den Orden auch Priester – weiterhin im Visier der Nationalsozialisten befanden. Im Laufe der NS-Diktatur wurden fast 800 Weltpriester der Kölner Erzdiözese (somit nahezu jeder Dritte!) polizeilich „erfasst".[32] Häufigste Gründe waren „staatsfeindliches Verhalten", Verstöße im Zusammenhang mit der Abhaltung von Gottesdiensten und allgemeiner Seelsorge, aber auch Regimekritik oder „politische Unzuverlässigkeit"; die Maßnahmen reichten von Vorladungen und Befragungen bis zu Schutzhaft und Deportation. Caritasmitarbeiter waren ebenfalls von gesetzlicher Verfolgung betroffen. Der Wuppertaler Ortscaritasdirektor Hans Carls (siehe Kapitel 3) und seine Sekretärin Maria Husemann (1872–1975) wurden 1941 bzw. 1943 wegen der Vervielfältigung und Verbreitung regimekritischer Predigten und Schriften, u. a. des Münsteraner Bischofs Clemens August v. Galen, verhaftet und in Konzentrationslager deportiert, wo sie das Kriegsende erlebten.[33] Auch die Fürsorgerin Elisabeth Heidkamp des Katholischen Männerfürsorgevereins in Düsseldorf wurde 1943 verhaftet und befand sich sieben Monate lang in Schutzhaft. Im Zusammenhang mit Gertrud Luckner[34] von der Kriegshilfestelle am Freiburger Deutschen Caritasverband, die ein „illegal[es] Caritasnotwerk" für „verfolgte Nichtarier" organisierte, hatte Heidkamp ein jüdisches Kleinkind versteckt.[35]

Verstrickungen in NS-Unrecht

Dennoch ließen kirchliche Anstalten sich auch in NS-Unrecht verstricken; meist hatte die Leitung keine Wahl, wollte sie das

Überleben der Anstalt nicht gefährden. Im Rahmen „rassenhygienischer" Maßnahmen waren katholische Heilanstalten und Fürsorgeheime seit 1933 betroffen von der Sterilisation, seit 1939 zusätzlich von der beschönigend „Euthanasie" genannten, behördlich angeordneten Tötung ihrer unheilbar kranken, behinderten oder „nicht-arischen" Insassen.[36] Beide Maßnahmen lehnten die Bischöfe entschieden ab; gegen die „Euthanasie"-Aktionen war der kirchliche Widerstand besonders vehement und insbesondere Gegenstand der Predigten des Münsteraner Bischofs Clemens August Graf v. Galen[37] 1941 sowie des sog. Dekalog-Hirtenbriefes der deutschen Bischöfe von 1943.[38] Im Erzbistum Köln hatte Kapitularvikar David im August 1941 eine Anweisung an alle Heil- und Pflegeanstalten gesandt, in der er die Verwerflichkeit und Sündhaftigkeit nicht nur des Tötens selbst, sondern ebenso jeder direkten oder indirekten Mitwirkung daran herausstellte. Ordensschwestern durften den Kranken lediglich „beistehen", „Liebesdienste" waren erlaubt und erwünscht, nicht aber bspw. konkrete Hilfeleistung beim Einstieg in den Transporter.[39] Aufgrund dieser Reaktionen wurde die „Euthanasie"-Aktion offiziell eingestellt; inoffiziell ging das Töten jedoch weiter. In der Kölner Erzdiözese waren u. a. das Kloster Marienborn in Zülpich-Hoven, das St.-Josephs-Hospital in Düsseldorf-Unterrath und das St.-Josephshaus in Neuss von Verlegungen in Tötungsanstalten betroffen.[40]

Eine weitere Verflechtung war der Einsatz ausländischer Zwangsarbeiter. Diese seit 1939 zwangsverpflichteten oder aus ihren besetzten Heimatländern (v. a. Sowjetunion, Polen) deportierten Arbeitskräfte kamen nicht nur in der deutschen Industrie und Landwirtschaft, sondern auch in katholischen Anstalten zum Einsatz. Im Bereich des Erzbistums Köln waren vermutlich mindestens 1.000 Zwangsarbeiter, meist Frauen, in caritativen Häusern tätig, v. a. als Hilfsarbeiter in der geschlossenen Fürsorge.[41] Gemessen an der Gesamtzahl eingesetzter Zwangsarbeiter, die reichsweit auf etwa 8,4 Mio. geschätzt wird und allein innerhalb der Diözese 1944 bei nahezu 180.000 Zwangsarbeitern lag, ist diese Zahl verschwindend gering. Zudem waren die Lebens- und Arbeitsbedingungen für die Arbeiterinnen in kirchlichen Anstalten bedeutend besser als bei den Großarbeitgebern in der Industrie, wo Arbeiter unter katastrophalen Bedingungen in Lager eingepfercht leben mussten. Dennoch beteiligten

„Dekalog-Hirtenbrief": Der am 12. September 1943 verlesene gemeinsame Hirtenbrief der deutschen Bischöfe prangerte anhand der Zehn Gebote (Dekalog) die Verletzung von Gottes- und Menschenrechten durch das nationalsozialistische Regime an, u. a. die Tötung „unwerten" Lebens. Hierbei war der von Frings erarbeitete Entwurf („Kölner Entwurf") einigen Bischöfen zu deutlich und wurde daher in gemäßigter Form verlesen.

Winteroffensive der Roten Armee gegen deutsche Truppen

12. Jan. 1945

sich kirchliche Anstalten mit dem Einsatz von Zwangsarbeitern an NS-Unrecht.

Gegen Ende des Krieges gab es in der Stadt Köln kaum ein Haus, das die Bombenangriffe unbeschadet überstanden hatte. Auch das Haus des Caritasdirektors am Georgsplatz, das seit der Ausbombung 1943 die Geschäftsstelle beherbergte, war bis auf zwei Räume im Erdgeschoss unbewohnbar. Während des letzten schweren Angriffs auf Köln am 2. März 1945 wurde das Viertel um die Pfarrkirche St. Georg fast vollständig zerstört; in den Trümmern des Pfarrhauses starb der 67-jährige Pfarrer Heinrich Fabry. Direktor Boskamp suchte gemeinsam mit anderen Helfern nach Verschütteten und begrub die Toten im Kreuzgang der Kirche.[42] Nach dem Tod des Pfarrers wurde Boskamp Pfarrverweser von St. Georg, ein Amt, das er bis zu seinem Tod 1983 ausfüllen sollte und das – neben der örtlichen Nähe – wohl mit ein Grund für die enge Verbundenheit zwischen Kirche und Verband war. In der „Caritaskirche" fanden seit Kriegsende u. a. sämtliche feierlichen Amtseinführungen von Diözesan-Caritasvorsitzenden oder -direktoren statt; hier feierten die visitierenden Kardinäle die Eucharistie mit den Mitarbeitern des Verbandes.

Die letzten Kriegsmonate waren bestimmt vom Kampf um das tägliche Überleben. Die Bombenangriffe folgten aufeinander; die Nächte

Befreiung des KZ Auschwitz
27. JAN. 1945

verbrachten die meisten Menschen in den Luftschutzbunkern. In den wenigen noch funktionstüchtigen Krankenhäusern hatte man sog. „Luftschutzstationen" eingerichtet, in denen nicht transportfähige Schwerkranke oder -verletzte lagen. In den Städten herrschten chaotische Zustände, oft fehlte es an allem; es gab kein Wasser, keinen Strom, keinen Brennstoff. Die Zahl der Obdachlosen wuchs täglich; gleichzeitig flohen viele Menschen auf das weniger bedrohte Land. In der Stadt Köln befanden sich im April 1945 von ursprünglich 770.000 Einwohnern (Stand: 1939) nur noch 45.000 Menschen, auch in anderen rheinischen Städten war die Bevölkerung dezimiert. So überwogen in der Bevölkerung bei dem Einmarsch der Alliierten Anfang März 1945 Resignation und Erleichterung über das Ende der Bombardierungen – jedoch war die größte Not noch nicht überstanden.

Kirche St. Georg – Ansicht von Süden, 1946

Das linksrheinische Köln wird von den Amerikanern besetzt

06. MÄRZ 1945

[1]   Statistik im Bericht der Diözesanstelle für Kirchliche Kriegshilfe vom Juli 1942, in: AEK, DA Lenné 249.

[2]   Rundschreiben vom Präsident des Deutschen Caritasverbandes Kreutz an die Diözesan-Caritasverbände vom 21. September 1939, in: ADiCV, Bestand I 121.

[3]   AEK, DA Lenné 250.

[4]   Vgl. Missalla, Volk und Vaterland.

[5]   Umfrage der Kirchlichen Kriegshilfe Freiburg vom 15. Juli 1940, in: AEK, DA Lenné 250.

[6]   Arbeitsplan vom 29. April 1940, in: AEK, CR I 22.31,4.

[7]   Ebda.

[8]   Hürten, Deutsche Katholiken, S. 479.

[9]   Vgl. Matzerath, Kölner und Nationalsozialismus, S. 253–255.

[10] AEK, DA Lenné 249; v. Hehl, Erzbistum Köln, 212–213.

[11] Anweisung vom 30. Juli 1937, in: AEK, DA Lenné 156; Ostermann, Zwangsarbeit, S. 46.

[12] Vgl. Mertens, Klostersturm, S. 192–259; Ostermann, Zwangsarbeit, S. 46–47.

[13] Unterbringung der Benediktinerschwestern, in: AEK, DA Lenné 337.

[14] Vgl. Trippen, Josef Kardinal Frings.

[15] Schreiben vom 14. Januar 1943, in: ADiCV, Bestand I 121.

[16] Ernennung, in: ADiCV, Bestand I 121; Schriftwechsel Frings – Kreutz, in: ADCV, 125.50 M2, zit. nach Splett, Chronik, S. 57–62.

[17] Vorbereitung und Musterfragebögen, in: ADiCV, Bestand I 121.

[18] Vgl. Klein, Drittes Reich, S. 254.

[19] Auflistung, in: AEK, DA Lenné 283.

[20] Vgl. Lakemeier, Chronik, S. 83; die Erinnerungen von Direktor Boskamp an diese Nacht werden zitiert bei Splett, Chronik, S. 68–69.

[21] Vgl. Brzosa, Düsseldorf, S. 681–683; Lakemeier, Chronik, S. 83.

[22] Auflistung, in: ADiCV, Bestand I 121.

[23] Die Arbeit der Diözesanstelle für die Wandernde Kirche in: AEK, DA Lenné 184–189.

[24] ADiCV, Bestand I 121.

[25] AEK, DA Lenné 307.

[26] Aus einem Schriftwechsel vom Winter 1943/44 geht hervor, dass verschiedene (Kölner) Geistliche, die sich in Thüringen und Sachsen befanden, je 500 RM zur Unterstützung evakuierter Familien erhalten sollten, AEK, DA Lenné 308.

[27] Schreiben Boskamp an Lenné vom 7. Juni 1943, in: AEK, DA Lenné 164.

[28] Ernennung am 15. August 1944, in: AEK, CR II 22.31a,1.; vgl. Knippschild, Weimarer Republik, S. 32.

[29] Undatiertes Schreiben des Diözesan-Caritasverbandes (ohne Unterschrift), um 1943, in: AEK, DA Lenné 308.

[30] Schreiben Frings an Lenné vom 2. Juli 1944, in: AEK, DA Lenné 308.

[31] Ebda.

[32] Vgl. v. Hehl, Priester, Bd. 1, S. 121; Ostermann, Zwangsarbeit, S. 44.

[33] Vgl. Knippschild, Weimarer Republik, S. 26, 32.

[34] Vgl. Wollasch, Gertrud Luckner.

[35] Vgl. Brzosa, Düsseldorf, S. 657–663.

[36] Vgl. Wollasch, Beiträge, S. 195–224.

[37] Vgl. v. Hehl, Erzbistum Köln, S. 214.

[38] Abgedruckt bei Stasiewski/Volk, Akten, Bd. VI, S. 184–205; vgl. auch Hürten, Katholiken, S. 523–530.

[39] ADCV, 732.27 M1, zit. nach Wollasch, Beiträge, S. 217–218.

40   ADCV, 732.27 M2; zit. nach Wollasch, Beiträge, S. 218. Die Beteiligung oder indirekte
     „Mitschuld" katholischer Anstalten an den Verlegungen und Tötungen ist in der Forschung
     kontrovers diskutiert worden; es existiert jedoch noch keine umfassende und ausgewogene
     Darstellung zum Thema.

41   Vgl. Ostermann, Zwangsarbeit.

42   Vgl. Lakemeier, Chronik, S. 85.

„Wir leben in Zeiten, wo in der Not auch der einzelne das wird nehmen dürfen, was er zur Erhaltung seines Lebens und seiner Gesundheit notwendig hat, wenn er es auf andere Weise, durch seine Arbeit oder durch Bitten, nicht erlangen kann."

Silvesterpredigt von Kardinal Frings, 1946

CARITAS IN DER NACHKRIEGSZEIT

Kapitel

6

Kölner Dom 1945

Auch wenn das Deutsche Reich in der Vergangenheit eine Reihe von Kriegen erlebt hat, so ist der Begriff der „Nachkriegszeit" doch bis heute verbunden mit den Notjahren, die auf den Zweiten Weltkrieg folgten. Das politische System war zusammengebrochen, Deutschland von den alliierten Besatzungsmächten in vier Zonen aufgeteilt und das Gebiet des Erzbistums Köln Teil der britischen Besatzungszone. Die Bombardierungen der Alliierten hatten eine Trümmerlandschaft hinterlassen: Allein in Köln waren 70 % der Häuser zerstört.[1] Im ganzen Erzbistum hatte nur knapp ein Viertel der Kirchen den Krieg ohne Schäden überstanden; ein Drittel war dagegen schwer beschädigt oder zerstört, darunter auch die Kölner Domkirche.[2] Gleichzeitig strömten nun die Menschen zurück in die zerbombten Städte: Evakuierte, Flüchtlinge aus den östlichen Landesteilen, sog. Displaced Persons (DPs) und Kriegsheimkehrer – bereits ein Jahr nach Kriegsende lebten in Köln schon wieder mehr als 500.000 Menschen, die allesamt Wohnung und Nahrung benötigten.[3] Die Krankenhäuser und Fürsorganstalten waren in der

Amerikaner setzen Konrad Adenauer
als Oberbürgermeister von Köln ein

MAI 1945

direkten Nachkriegszeit doppelt betroffen; viele waren ebenfalls im Krieg zerstört worden; die wenigen intakten Häuser mussten nun häufig erneut für Lazarette oder Dienststellen der Besatzer oder aber zur Unterbringung der vielen Obdachlosen herhalten und konnten ihren eigentlichen Aufgaben nicht oder nur in Teilen nachgehen. Die Versorgungsnöte waren schlimmer als zuvor im Krieg; sie stellten selbst die Krisenzeit der Weimarer Republik in den Schatten. Hinzu kam die Kälte: Der Hungerwinter von 1946/47 war einer der strengsten Winter seit Jahrzehnten in Deutschland. All diese Nöte und Anforderungen konnten die britischen Besatzungsbehörden nur mithilfe der Kirchen und deren Wohlfahrtsverbänden bewältigen.

Frings als Fürsprecher der Notleidenden

Für die Kirchen gab es keine „Stunde Null"; sie waren die einzigen fortbestehenden landesweit organisierten Institutionen. Daher und dank engagierter Fürsprecher wie dem Kölner Erzbischof Frings wurden sie beinahe selbstverständlich Ansprechpartner in humanitären und sozialen Belangen für die Besatzer. Frings, seit 1945 auch Vorsitzender der Fuldaer Bischofskonferenz und 1946 in das Kardinalskollegium berufen, erlangte insbesondere durch seinen unermüdlichen Einsatz in der Nachkriegszeit gegen Hunger und Not, wie auch durch seinen Einsatz für deutsche Kriegsgefangene und Inhaftierte große Popularität in der Bevölkerung.

In einer aufsehenerregenden Silvesterpredigt 1946 in der Kirche St. Engelbert in Köln-Riehl machte sich Kardinal Frings zum Fürsprecher jener, die in höchster Not lebensnotwendige Güter „organisieren" mussten: „Wir leben in Zeiten, wo in der Not auch der einzelne das wird nehmen dürfen, was er zur Erhaltung seines Lebens und seiner Gesundheit notwendig hat, wenn er es auf andere Weise, durch seine Arbeit oder durch Bitten, nicht erlangen kann."[4] Mundraub in Notzeiten wird im Rheinischen noch heute als „fringsen" bezeichnet.

Der Caritasverband in Freiburg und die meisten Diözesanverbände hatten die Kriegszeit strukturell relativ unbeschadet überstanden; doch musste sich die Caritasarbeit auf der untersten Ebene, auf jener der Pfarreien, erst einmal wieder neu organisieren. Es galt Gemeindemitglieder, die selbst unter großen Einschränkungen litten, für die

„Displaced Persons (DPs)": Dieser Begriff bezeichnete Ausländer, die sich nach dem Ende des Zweiten Weltkrieges in Deutschland befanden, entweder Zivilisten, die während des Krieges aus ihren Heimatländern zur Zwangsarbeit verschleppt worden waren, oder ehemalige Kriegsgefangene. Aufgrund ihrer großen Zahl (etwa 6,3 Mio. in den drei Westzonen) in der ohnehin chaotischen Zeit nach Kriegsende brachten die alliierten Besatzungsbehörden sie erneut in Lagern unter und bemühten sich unter der Ägide des UN-Hilfswerks UNRRA um rasche Rückführung in die Heimatländer. Bis zur Gründung der Bundesrepublik 1949 konnte ein Großteil der DPs repatriiert werden, einige Zehntausende verblieben jedoch als „nicht repatriierbar" in Westdeutschland und erhielten einen besonderen Rechtsstatus als heimatlose Ausländer.

Erste Vollversammlung der Vereinten Nationen (UNO) in London

JAN. 1946

Unterstützung anderer zu gewinnen.[5] Auch die Einteilung Deutschlands in Zonen erschwerte die Verbandsarbeit. Freiburg gehörte nun der französischen Besatzungszone an, deren besonders rigide Besatzungspolitik etwa interzonale Reisen erheblich erschwerte; daher fungierten die bereits seit der Vorkriegszeit bestehenden Hauptvertretungen des Deutschen Caritasverbandes in Berlin (gegr. 1918) und München (gegr. 1922) als Präsenzvertretungen beim Alliierten Kontrollrat bzw. für die amerikanische Zone. Darüber hinaus errichtete die Freiburger Zentrale eine weitere Hauptvertretung für die britische Besatzungszone, die sich in Köln befand.[6] Zum Leiter der Vertretung wurde der Kölner Diözesan-Caritasvorsitzende Franz Müller ernannt; ansässig war die Stelle am St. Elisabeth-Krankenhaus in Köln-Hohenlind, das Müller seit 1938 als Direktor führte und in dem auch Erzbischof Frings seit seiner Rückkehr nach Köln im April 1945 wohnte.

Hilfe trotz fehlender Ressourcen

Der Kölner Diözesan-Caritasverband hatte nach Kriegsende seinerseits mit Widrigkeiten zu kämpfen. Nach der Zerstörung der Geschäftsstelle 1943 (siehe Kapitel 5) hatte Direktor Karl Boskamp Räumlichkeiten in seinem Wohnhaus am Georgsplatz zur Verfügung gestellt; ein Zustand, der bis Anfang der 1950er-Jahre anhalten sollte. Ende 1945 berichtete der Diözesan-Caritasverband, er besäße „als Eigentum nur eine Schreibmaschine"[7]. Die schwierige Situation verdeutlicht auch eine Vermögensaufstellung des Verbandes vom 31. Dezember 1946: Der Wert des zerstörten Hauses Georgstraße 5-7 war hier ebenso wie der Posten „Inventar (Büroeinrichtung)" mit lediglich je 1 „symbolischen" RM angegeben.[8] Dennoch wartete eine Vielzahl von Aufgaben auf den Caritasverband. Um Sofortmaßnahmen, die nur die Stadt Köln betrafen, effektiver umsetzen zu können, wurden die beiden seit 1934 vereinigten Leitungsposten des Diözesan- und Ortscaritasverbandes 1945 wieder getrennt: Erzbischof Frings ernannte Prälat Josef Koenen zum Kölner Ortscaritasdirektor.[9] Prälat Boskamp verblieb in seiner Position als Diözesan-Caritasdirektor, seit November 1945 unterstützt durch Florian Dekiert, neuer Verwaltungsleiter („Caritassekretär") für die Zentrale (siehe Kapitel 7). Andererseits wurde eine stärkere Absprache der Diözesan-Caritasverbände für die Koordination verschiedener Hilfsaktionen inner-

*Rückkehr erster deutscher Soldaten
aus sowjetischer Kriegsgefangenschaft*

JULI 1946

halb der britischen Zone notwendig. Seit 1946 fanden mehrmals jährlich Sitzungen der Diözesan-Caritasdirektoren der britischen Besatzungszone statt; hier trafen sich die Direktoren der Diözesen Köln, Paderborn, Aachen, Osnabrück, Hildesheim und Münster und besprachen überdiözesane Aufgaben und Hilfeleistungen, u. a. die Verteilung von Hilfsgütern.[10]

Aufgaben des Diözesan-Caritasverbandes in der Nachkriegszeit, Caritas-Handbuch 1949

Die Aufgaben, derer sich der Diözesan-Caritasverband annehmen musste, setzten zum Teil die Arbeit der Kriegshilfestelle fort, wie Kinderlandverschickung, Suchdienst und Anstaltsbetreuung. Ebenso betätigte man sich nach wie vor in der Kriegsgefangenenseelsorge – im Krieg hatte diese ausländischen Gefangenen in Deutschland gegolten, jetzt betreute man Deutsche in alliierter Gefangenschaft. Zum Teil fand diese Kriegsfolgenhilfe auch ihr Vorbild in den Hilfeleistungen nach dem Ersten Weltkrieg: Als Antwort auf die unmittelbare Existenznot der hungernden deutschen Bevölkerung trafen in

Britische Militärregierung gründet Nordrhein-Westfalen

23. AUG. 1946

Ausgabe von CARE-Paketen nach dem Zweiten Weltkrieg vor dem Haus Georgsplatz 18 in Köln durch den Diözesan-Caritasverband Köln

CARE: (Cooperative for American Remittances to Europe), US-Hilfsorganisation, 1946 von 22 privaten Wohlfahrtsverbänden in New York gegründet zur Linderung der wirtschaftlichen Not in Europa, v. a. durch den Versand von sog. CARE-Paketen mit Lebensmitteln, Kleidung oder Werkzeugen. Bis zum Ende der Aktion in der BRD 1960 wurden hier nahezu 10 Mio. CARE-Pakete verteilt.

den besetzten Zonen seit 1946 immer mehr Spenden mit Lebensmitteln oder Bekleidung aus dem Ausland ein. Verschiedene Länder wie die USA oder die Schweiz bauten eigens zu diesem Zweck Paket-Vermittlungsdienste auf, von denen die CARE-Aktion besondere Bekanntheit erlangte. Auch Papst Pius XII. sandte mehrere Waggons mit Lebensmitteln nach Deutschland. Bis zum Frühjahr 1947 erreichten die Erzdiözese Köln auf diesem Wege insgesamt 434 Tonnen Lebensmittel und 26 Tonnen Bekleidung.[11] Die Aufgabe der freien Wohlfahrtsverbände war es nun, die Güter zu verteilen. Hierzu bildeten die konfessionellen Neugründungen „Caritas-Hilfswerk" und „Evangelisches Hilfswerk" zusammen mit dem Deutschen Roten Kreuz und der 1946 wiederbegründeten Arbeiterwohlfahrt einen „Zentralausschuss zur Verteilung ausländischer Liebesgaben". Im nördlichen Rheinland war der Kölner Diözesan-Caritasverband federführend in der Verteilung vom Hauptlager in Düsseldorf aus[12]; hier gelangten die Spenden über die Ortsverbände und Dekanatsvertreter an die Pfarreien, die diese ihrerseits an die Bedürftigen ausgaben. Personenkreise, die hier besondere Berücksichtigung erfuhren, waren v. a. Kriegsheimkehrer und -versehrte, Flüchtlinge, Senioren, Schwangere, kinderreiche Familien und Waisenkinder. Jedoch kamen manche Waren erst gar nicht beim Diözesan-Caritasverband an. So klagte Caritassekretär Florian Dekiert 1946 der

Wirtschaftsunion von amerikanischer
und britischer Besatzungszone (Bizone)

JAN. 1947

Abteilung Auslandshilfe des Deutschen Caritasverbandes, dass ein Wagen auf dem Weg nach Köln zum Teil ausgeraubt worden sei. Er sprach sich gar dafür aus, dass bei weiten Transporten ein möglichst bewaffneter Beifahrer gestellt werden solle.[13]

Eine bedeutsame Neuerung in der Verbandsarbeit der Nachkriegszeit war seit 1946 die Herausgabe eines eigenen Presseorgans für den Diözesan-Caritasverband: die „Caritas-Nachrichten für das Erzbistum Köln". Hier fanden sich Ankündigungen zur Verbandsarbeit neben verschiedenen kirchlichen Informationen und Terminen bis zu einer eigenen Rubrik „Suchmeldungen"/„Es werden gesucht" mit Vermisstenanfragen. Der Verband konnte nun ohne Umwege über den Kirchlichen Anzeiger oder den Aufwand verschiedenster Rundschreiben alle Mitglieder erreichen und über Verbandsangelegenheiten informieren.

Kinderspeisung durch Ordensschwestern

„Kirchlicher Suchdienst":
Der 1945 unmittelbar nach
Kriegsende von Deut-
schem Caritasverband und
Evangelischem Hilfswerk
(Diakonie) gegründe-
te, überkonfessionelle
„Kirchliche Suchdienst"
konnte bis 1969 mehr als 8
Mio. Suchanfragen klären.
2000–2005 übernahm er
zudem die Ermittlungen
zur Auffindung ehemaliger
kirchlicher Zwangsarbeiter.
2015 stellte der Suchdienst
seine Arbeit offiziell ein.

Damit klingt auch bereits ein weiteres großes Arbeitsgebiet für den Diözesan-Caritasverband an: die Suche nach Vermissten, mit der sich bereits die Kriegshilfestelle befasst hatte. Überregional war hier seit 1945 der „Kirchliche Suchdienst" tätig. Weiterhin kam hier dem Diözesanverband in erster Linie eine vermittelnde Aufgabe zu: In der Abteilung „Suchdienst" wurden die Namen von Vermissten aufgenommen und an die Zentrale in Freiburg weitergeleitet.[14] Die Suchdienstabteilung bemühte sich aber auch selbst um Klärung, indem etwa sog. „Heimkehrerzettel" an Kriegsheimkehrer ausgegeben wurden mit der Bitte um Informationen zu vermissten Kameraden.[15] Hilfreich waren in diesem Zusammenhang eben auch die verbandseigenen Caritas-Nachrichten mit der oben erwähnten Vermissten-Rubrik.

Eine weitere Herausforderung für den Diözesan-Caritasverband war die Aufnahme der Flüchtlinge aus den ehemals deutschen Ostgebieten. Eine Aufstellung von 1948 sprach von „90.000 Ostvertriebenen in unserer Diözese"[16]. Insgesamt lag diese Zahl über die Jahre gesehen noch um ein Vielfaches höher. Der Diözesan-Caritasverband startete verschiedene Anfragen an Klöster und caritative Anstalten in der Erzdiözese, um diese unterzubringen.[17] Ebenso waren die Caritassammlungen, die nach dem Krieg wieder regelmäßig stattfanden, insbesondere für die „Heimatlosen" bestimmt.[18] In diesem Zusammenhang spielte auch der Kölner Weihbischof Joseph Ferche (1888–1965)[19] eine Rolle: Der aus seinem Heimatbistum Breslau vertriebene schlesische Weihbischof, 1947 von Kardinal Frings nach Köln berufen, folgte 1949 im Diözesan-Caritasvorsitz auf Prälat Franz Müller. Jener war nach dem Tod des langjährigen Präsidenten des Deutschen Caritasverbandes Kreutz (25. Juli 1949) zu dessen Nachfolger ernannt worden. Durch den Einsatz für seine Landsleute wurde Ferche zur Identifikationsfigur der Vertriebenen in der Kölner Erzdiözese.

Weihbischof Joseph Ferche
(1888–1965), Vorsitzender
des Diözesan-Caritas-
verbandes

Schrittweise Rückkehr zum Verbandsalltag

In der Nachkriegszeit setzte auch die reguläre Verbandsarbeit wieder ein: Die erste Mitgliederversammlung des Diözesan-Caritasverbandes am 20. Februar 1947, im St. Elisabeth-Krankenhaus in Köln-Hohenlind, hatte jedoch noch ein äußerst überschaubares Programm:

Gründung des Kabaretts „Kom(m)ödchen"
von Lore Lorentz in Düsseldorf

MÄRZ 1947

„1. Jahresbericht, 2. Kassenbericht, 3. Entlastung des Vorstandes, 4. Aufgaben und Möglichkeiten der Pfarr-Caritas in der heutigen Notzeit"[20]. Der Wandel der Zeit von unmittelbarer Notbekämpfung zur geordneten Verbandsarbeit zeigt sich dann zweieinhalb Jahre später auf einer Caritas-Arbeitstagung am 28./29. November 1949 in Köln-Hohenlind; hier wurden alle relevanten, alten und neuen Tätigkeitsfelder ausführlich in Arbeitskreisen behandelt, u. a. Heimatvertriebene, Heimkehrer, Obdachlosenfürsorge, öffentliche Fürsorge, Pfarrcaritas, Jugend sowie Frauen.[21]

Das Anstaltswesen im Erzbistum Köln war 1945 infolge bereits erwähnter Faktoren wie Luftkrieg und Beschlagnahmungen stark dezimiert. Damit hatte der Diözesan-Caritasverband nach Kriegsende auch die Aufgabe des Wiederaufbaus dringend benötigter caritativer Anstalten. Zunächst lag der Fokus auf der Unterbringung von Schützlingen zerstörter Anstalten. Dafür wurden dem Verband nach dem Krieg verschiedene Schlösser, Burgen und andere größere Anwesen zur Miete oder zum Kauf angeboten. Aber auch auf weniger attraktive Angebote ging der Diözesan-Caritasverband ein: Die Kinder aus dem Kölner Kinderheim St. Josef-Stift an St. Gereon etwa wurden vorübergehend in Moitzfeld (bei Bensberg) in ehemaligen Gestapobaracken untergebracht.[22] Bereits 1949 war das Kinderheim an gleicher Stelle im Klapperhof an St. Gereon mit 70 Betten wiedereröffnet worden; 280 Klein- und Schulkinder lebten daneben weiterhin in der Moitzfelder Außenstelle.[23]

Anzahl katholischer Anstalten nimmt zu

Daneben ging auch der Aufbau neuer Anstalten zügig voran. Dies machte eine „neue Bestandsaufnahme der Mitglieder" nötig, die der Diözesan-Caritasverband 1949 mit seinem neuen Caritas-Handbuch vorlegte.[24] Nach diesem Handbuch existierten 1949 im Erzbistum Köln 2.487 caritative Anstalten und Einrichtungen, v. a. Krankenhäuser, Fürsorge- und Wohnheime, Kindergärten und -horte, ambulante Krankenpflegestationen und Ausbildungsstätten.[25] Nicht nur im Vergleich zum Kriegsende, auch verglichen mit dem Umfang kirchlicher Anstalten und Einrichtungen zu Beginn der NS-Zeit hatte hier bereits eine Ausweitung stattgefunden.

Gründung der Max-Planck-Gesellschaft
zur Förderung der Wissenschaften

FEBR. 1948

Beispielhaft aufgeführt werden die drei größten Anstaltstypen: Krankenhäuser, Altersheime und Kindergärten bzw. -horte. Besonders eklatant war der Unterschied bei letzteren – da die Nationalsozialisten die meisten katholischen Kindergärten unter die Führung der Nationalsozialistischen Volkswohlfahrt gestellt hatten (siehe Kapitel 5), war es nach dem Krieg vorrangiges Anliegen der katholischen Kirche, den Einfluss auf diesem Gebiet zurückzuerlangen und die (Wieder-)Eröffnung von Kindergärten zu fördern.

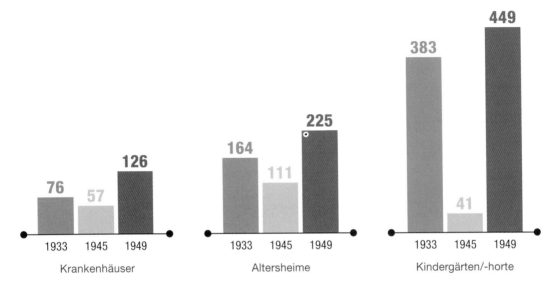

	Krankenhäuser			Altersheime			Kindergärten/-horte		
	76	57	126	164	111	225	383	41	449
	1933	1945	1949	1933	1945	1949	1933	1945	1949

Caritative Anstalten 1933, 1945, 1949 im Vergleich

Eine grundsätzliche Neuerung war im Übrigen, dass der Diözesan-Caritasverband nun auch erstmals selbst als Anstaltsträger in Erscheinung trat. Im Jahr 1949 befanden sich 17 Anstalten und Einrichtungen in der Trägerschaft des Kölner Diözesan-Caritasverbandes, darunter v. a. Altersheime, aber auch Wohnheime sowie Ausbildungs- und Schulungsanstalten. In Bedburg hatte der Diözesan-Caritasverband etwa ein Umschulungsheim für Kriegsversehrte mit Werkstätten und 54 Betten eingerichtet; in Düsseldorf hatte zum Wintersemester 1948/49 ein Seminar für Wohlfahrts- und Jugendpfleger mit 60 Plätzen eröffnet (siehe Kapitel 7) – analog zum gleichnamigen Ausbildungszentrum in Freiburg.[26] Allerdings stellte Caritasdirektor Boskamp 1952 klar, dass es sich hier nur um ein vorübergehendes Phänomen handele, denn es sei ja „eigentlich nicht unsere Aufgabe […], eigene Häuser zu unterhalten". Grund sei einzig

Währungsreform durch Einführung der
D-Mark in den westlichen Besatzungszonen
JUNI 1948

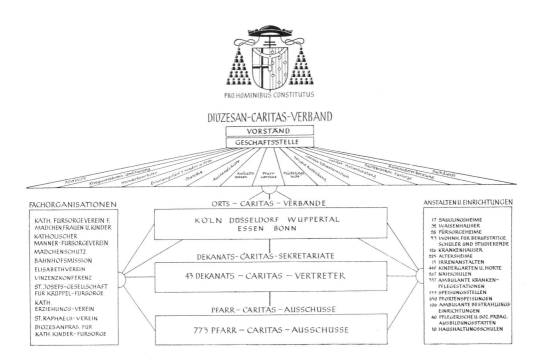

PRO HOMINIBUS CONSTITUTUS

DIÖZESAN-CARITAS-VERBAND

VORSTAND

GESCHÄFTSSTELLE

Altershilfe · Kriegsverehrten-Umschulung · Heimkehrerhilfe · Erholungsfürs f. Kinder u. Erw. · Statistik · Auslandshilfe · Anstalts wesen · Pfarr-caritas · Flüchtlings hilfe · Soziale Ausbildung · Caritas Schwesternschaft · Caritat Stellenberatung · Suchtkranken-Fürsorge · Ausländerei-Beratung · Suchdienst

FACHORGANISATIONEN	ORTS – CARITAS – VERBÄNDE	ANSTALTEN U. EINRICHTUNGEN
KATH. FÜRSORGEVEREIN F. MÄDCHEN,FRAUEN U. KINDER	**KÖLN DÜSSELDORF WUPPERTAL ESSEN BONN**	17 SÄUGLINGSHEIME
KATHOLISCHER MÄNNER-FÜRSORGEVEREIN		32 WAISENHÄUSER
MÄDCHENSCHUTZ		28 FÜRSORGEHEIME
BAHNHOFSMISSION		53 WOHNH. FÜR BERUFSTÄTIGE, SCHÜLER UND STUDIERENDE
ELISABETHVEREIN	DEKANATS-CARITAS-SEKRETARIATE	126 KRANKENHÄUSER
VINZENZKONFERENZ		224 ALTERSHEIME
ST. JOSEFS-GESELLSCHAFT FÜR KRÜPPEL-FÜRSORGE	**43 DEKANATS – CARITAS – VERTRETER**	15 IRRENANSTALTEN
		449 KINDERGÄRTEN U. HORTE
KATH. ERZIEHUNGS-VEREIN		267 NÄHSCHULEN
ST. RAPHAELS-VEREIN	PFARR – CARITAS – AUSSCHÜSSE	337 AMBULANTE KRANKEN- PFLEGESTATIONEN
DIÖZESANPRÄS. FÜR KATH. KINDER-FÜRSORGE	**773 PFARR – CARITAS – AUSSCHÜSSE**	133 SPEISUNGSSTELLEN
		650 PFORTENSPEISUNGEN
		106 AMBULANTE BESTRAHLUNGS- EINRICHTUNGEN
		40 PFLEGERISCHE U. SOZ. PÄDAG. AUSBILDUNGSSTÄTTEN
		10 HAUSHALTUNGSSCHULEN

gewesen, dass „in größter Not … keine anderen Träger zu finden waren".[27] In absehbarer Zeit sollten die Anstalten daher wieder in andere Trägerschaft übergehen. Tatsächlich hatte der Diözesan-Caritasverband die meisten Häuser bis 1962 aufgegeben.[28]

Struktur des Kölner Diözesan-Caritas-verbandes, Caritas-Handbuch 1949

Der größte Teil der Caritasheime und -schulen wurde durch Caritas-schwestern oder weltliche Kräfte bewirtschaftet; die in der Vor-kriegszeit geläufige Betriebsführung durch Ordensschwestern bildete dagegen die Ausnahme. Dabei zeigte sich ein Trend, den auch die Statistik des Caritas-Handbuches bestätigte: Insgesamt waren 1949 in caritativen Anstalten im Erzbistum Köln knapp 9.000 Ordensangehörige, 80 Priester und nahezu 700 Caritasschwestern tätig; diesen standen 14.000 weltliche Kräfte gegenüber.[29] Das Phä-nomen des Nachwuchsmangels, mit dem die Ordensgemeinschaf-ten bereits während des Krieges durch die ordensfeindliche NS-Po-litik zu kämpfen gehabt hatten, setzte sich in der Nachkriegszeit in verstärktem Maße fort. Ordensangehörige gehörten nicht mehr selbstverständlich zum Bild der caritativen Anstalt, was die Ver-pflichtung anderer (d. h. weltlicher) Arbeitskräfte und gleichzeitig deren Ausbildung bzw. Schulung notwendig machte.

Papst Pius XII. droht Anhängern des Kommunismus mit Exkommunikation

JULI 1949

Mit der Verbindung der drei westlichen Besatzungszonen und Gründung der Bundesrepublik Deutschland 1949 war die Phase der direkten Nachkriegszeit abgeschlossen. Doch war die deutsche Teilung zweifellos ein massiver Bruch. In der DDR war die Caritas nicht als Verband organisiert, sondern suchte als praktischer Arm der katholischen Kirche in Ostdeutschland ihren Platz im sozialistischen Staat.[30] Hingegen sollten das im Grundgesetz festgeschriebene Selbstverständnis der jungen Bundesrepublik sowie die Sozialgesetzgebung die caritative Arbeit der freien Wohlfahrtsverbände in der BRD befördern.

---

[1] Vgl. Scheidgen, Chronik, S. 53.

[2] Vgl. Möring, Kölner Dom; Hegel, Erzbistum, Band V, S. 631.

[3] Bericht „Die Notlage der Erzdiözese Köln", um 1946, in: AEK, CR II 22.31a,2.

[4] Predigt, in: AEK, CR II 2.18g,1; online verfügbar unter: http://www.erzbistum-koeln.de/kultur_und_bildung/historisches-archiv/schaetze_aus_dem_archiv_1/eine_predigt_mit_folgen_die_bedeutung_des_wortes_fringsen/.

[5] Es wurden etwa Handzettel mit dem Aufruf „Werde auch du Mitglied der Pfarrcaritas!" verteilt, in: AEK, DA Lenné 307.

[6] Schriftwechsel zur Hauptvertretung in Köln, in: AEK, CR II 22.31a,3.

[7] Einnahmen und Ausgaben 1945, in: AEK, CR II 22.31a,1.

[8] Aufstellung, in: AEK, DA Lenné 307.

[9] Vgl. Scheidgen, Chronik, S. 7, 53.

[10] Sitzungsprotokolle, in: AEK, CR II 22.31a,2–4.

[11] Bericht „Auslandshilfe in der Erzdiözese Köln", 1947, in: AEK, CR II 22.31a,3; vgl. auch Wollasch, Humanitäre Auslandshilfe.

[12] Bericht „Auslandshilfe in der Erzdiözese Köln", 1947, in: AEK, CR II 22.31a,3.

[13] Schreiben von „Diözesan-Caritassekretär Dekiert" an den Deutschen Caritasverband vom 26. November 1946, in: ADCV, 371.4 Mappe I, zit. nach Wollasch, Auslandshilfe, S. 144–145.

[14] ADiCV, Bestand I 44.

[15] „Heimkehrerzettel", um 1947, in: AEK, CR II, 22.31a,3.

[16] „Zahlen zum Jahresbericht 1948", in: AEK, CR II, 22.31a,3.

[17] Vgl. Caritas-Nachrichten vom 15. Februar 1948.

[18] Vgl. Ankündigung, in: Caritas-Nachrichten vom 15. Februar 1948.

[19] Vgl. Holzbrecher, Joseph Ferche.

[20] Einladung, in: Caritas-Nachrichten vom 1. März 1947.

[21] Protokoll, in: Caritas-Nachrichten vom 15. Dezember 1949.

[22] Vgl. Splett, Chronik, S. 76–77.

[23] Vgl. Caritas-Handbuch 1949, S. 64.

[24] Caritas-Handbuch 1949.

[25] Ebda., S. 175–179.

[26] Zum Seminar für Wohlfahrts- und Jugendpfleger: AEK, CR II 22.31a,3 sowie Gen. II 23.36,4; vgl. auch Caritas-Handbuch 1949, S. 111.

[27] Tätigkeitsbericht 1951, in: ADiCV, Bestand I 100.

[28] Caritas-Handbuch 1962.

[29] Caritas-Handbuch 1949, S. 182.

[30] Vgl. Kösters, SBZ/DDR.

„Die beste Hilfe der Caritas ist die Hilfe zur Selbsthilfe!"

Aus der Broschüre „Tuet Gutes allen – Schildwache der Liebe" des Kölner Diözesan-Caritasverbandes, um 1951

PROFESSIONALISIERUNG UND PARADIGMENWECHSEL – DIE FÜNFZIGER- UND SECHZIGERJAHRE

Kapitel 7

In den ersten zwei Jahrzehnten der jungen Bundesrepublik fanden fundamentale Weichenstellungen im politischen, wirtschaftlichen und gesellschaftlichen Bereich statt, die auch die Arbeit der Wohlfahrtsverbände prägten. Neben den im Grundgesetz verankerten Grundrechten (Art. 1–19) war insbesondere die Festlegung der Bundesrepublik auf einen „demokratischen und sozialen Bundesstaat" (Art. 20) von großer Bedeutung für die bundesdeutsche Wohlfahrtspflege. Die Sozialpolitik erfuhr eine christliche Prägung durch die von 1949–1969 regierende CDU mit Bundeskanzler Konrad Adenauer an ihrer Spitze. Maßgeblich für die weitere Arbeit der freien Wohlfahrtsverbände waren insbesondere das Jugendwohlfahrtsgesetz (1961) und das Bundessozialhilfegesetz (1962), welche die entsprechenden Reichsgesetze der Weimarer Republik (siehe Kapitel 3) ablösten und das Subsidiaritätsprinzip festschrieben. Der Gesetzgeber führte nunmehr eine umfassende soziale Hilfe anstelle der Armenfürsorge ein. Die Zusammenarbeit öffentlicher Behörden und der freien Wohlfahrt (darunter auch der Deutsche Caritasverband) wurde 1963 auf Landesebene gefestigt durch die Gründung einer „Landesarbeitsgemeinschaft der öffentlichen und freien Wohlfahrtspflege in Nordrhein-Westfalen", der auf öffentlicher Seite u. a. die beiden Landschaftsverbände (Rheinland und Westfalen-Lippe) sowie der Deutsche Städtetag angehörten.[1] Zuvor (um 1955) hatten sich bereits die sechs freien Wohlfahrtsverbände in Anknüpfung an die „Liga" der Weimarer Republik (siehe Kapitel 3 und 4) zur „Arbeitsgemeinschaft der freien Wohlfahrtspflege in NRW" (heute: „Arbeitsgemeinschaft der Spitzenverbände der Freien Wohlfahrtspflege des Landes NRW") zusammengeschlossen.[2] Als bundesweites Forum zum Austausch und zur Interessenwahrung gegenüber der öffentlichen Wohlfahrtspflege bildete sich daneben eine „Bundesarbeitsgemeinschaft der freien Wohlfahrtspflege".

Neue Herausforderungen im Aufschwung

Während die Nachkriegsjahre bis zur Währungsreform (1948) wirtschaftlich noch schwierig gewesen waren, setzte in den 1950er-Jahren das „Wirtschaftswunder" ein. Die Bundesregierung startete erfolgreiche Arbeitsbeschaffungsmaßnahmen. Bereits im Jahr 1957 gab es nahezu Vollbeschäftigung. Dadurch kam es in den 1960er-Jahren zur Anwerbung von Arbeitskräften aus dem wirtschaftlich schwa-

*Gründung der Deutschen
Demokratischen Republik (DDR)*

07. OKT. 1949

chen Südeuropa (v. a. Italien, Spanien, Griechenland, Jugoslawien, Türkei), „Gastarbeiter" genannt, ging man doch davon aus, dass diese Menschen nach einigen Jahren der Arbeit in ihre Länder zurückkehren würden. Der Diözesan-Caritasverband beriet und betreute Zuwandernde, die längerfristig in Deutschland bleiben wollten; es galt Wohnraum zu vermitteln, Kindergartenplätze zu organisieren und ein Freizeitprogramm zu entwerfen. Erst die wirtschaftliche Rezession Anfang der 1970er-Jahre beendete die Anwerbemaßnahmen. Die Anforderungen an die Caritas auf diesem Gebiet jedoch blieben bestehen, für diese Menschen ebenso wie für die zunehmend aus Polen, Rumänien und der UdSSR in die BRD kommenden Aussiedler.

Die sozialstaatliche Prägung zeigte sich auch in der Förderung des sog. sozialen Wohnungsbaus. In der Folge konnten auch Familien mit geringeren Einkünften Eigentumswohnungen erwerben oder kleinere Häuser bauen. Im Zuge der Familienförderungspolitik entstanden allein im sozialen Wohnungsbau bis 1960 3,2 Mio. Eigentumswohnungen. Anfang der 1950er-Jahre hatte dazu bereits der Bau von Siedlungen eingesetzt: Ein Beispiel ist die Stegerwaldsiedlung in Deutz, die (1951–1956) auf dem Gelände des ehemaligen Stahlwerkes Köln-Deutz mit Unterstützung der Schweizer Christlichen Nothilfe gebaut werden konnte. Auch der Episkopat und die kirchlichen Behörden unterstützten soziale Bauvorhaben, u. a. durch die Errichtung des „Katholischen Siedlungsdienstes". Im Kölner Norden etwa entstand 1956–1959 anlässlich des Kölner Katholikentages (1956) die sog. „Katholikentagssiedlung" für kinderreiche katholische Familien.[3]

Wachsende Bedeutung hauptamtlicher Laien

Wieder einmal musste sich die Caritas auf einen kulturellen, gesellschaftlichen und politischen Wandel einstellen, der auch die Verbandsarbeit beeinflusste. Deutlich wird dies auf dem ersten Diözesan-Caritastag nach dem Zweiten Weltkrieg, der vom 5.–8. September 1952 in Essen stattfand. Als Thema hatte man in Anlehnung an den Katholikentag desselben Jahres (Leitsatz: „Gott lebt") das Motto „Gottes Liebe lebt" gewählt. Fast 5.000 Besucher waren nach Essen gekommen; der Andrang war zeitweise so groß, dass einige Referate zweimal gehalten werden mussten.[4] Neben den „her-

Sozialer Wohnungsbau: Der soziale Wohnungsbau geht insbesondere auf die Regierungsprogramme der christlich-liberalen Koalitionen in den knapp ersten beiden Jahrzehnten der Bundesrepublik zurück. Mit öffentlichen Mitteln und durch Sonderkredite sollte es auch weniger verdienenden Arbeitern und Angestellten ermöglicht werden, Eigentum in Form von Wohnungen oder kleineren Häusern zu erwerben. In den letzten Jahrzehnten ist diese Bauförderung durch die Regierungen eher vernachlässigt worden. Von daher liegen die Deutschen heute mit einer Eigentumsquote von 44 % unter dem europäischen Durchschnitt.

Die letzten Lebensmittelmarken verlieren in Westdeutschland ihre Gültigkeit

APR. 1950

kömmlichen" Vorträgen, etwa zu Frauen oder Jugend und Caritas, verdienen zwei Beiträge besondere Aufmerksamkeit: Zum einen ein Grundsatzreferat des Vorstandsmitglieds des Deutschen Caritasverbandes Dr. Erich Reisch (1898–1985), der vor 180 Teilnehmern zur „Stellung der hauptamtlichen Kraft in der Caritas" sprach.[5] Damit benannte er die relativ neue Situation der Tätigkeit hauptamtlicher Laien, denn bislang waren (Leitungs-)Aufgaben in der Caritas und ihren Anstalten in der Regel von Priestern oder Ordensangehörigen wahrgenommen worden, unterstützt von ehrenamtlich tätigen Laien. Reisch sprach über das Selbstverständnis hauptamtlicher Laien, verknüpft mit der Eigenart caritativer Betätigung. Er stellte klar, „nicht der Enge und Ängstliche taugt zu diesem Dienst, sondern nur der Wagende". Daher sah auch er dieses „Amt" weniger als Beruf denn als „Berufung" für den Einzelnen.[6] Der Vortrag sollte daher v. a. Ermutigung für die neuen Kräfte sein.

Zum anderen erwähnenswert ist der Tätigkeitsbericht des Diözesan-Caritasverbandes 1951, den Caritasdirektor Boskamp im Rahmen der im Anschluss stattfindenden Generalversammlung vorstellte.[7] Auch Boskamp griff in seinem Vortrag zunächst das Referat von Reisch auf und forderte für die hauptamtlichen Laien, „dass man sie nicht als Fremdkörper, als lästige Bettler bewertet, sondern in ihnen einen durch die Zeit geforderten neuen Stand helfender Menschen sieht, der in der Kirche notwendig ist wie der Stand der Priester oder der Lehrer"[8]. Darauf wandte er sich inhaltlich dem Diözesan-Caritasverband zu und bekräftigte dessen dreifache Aufgabe: „1. Hilfe, 2. Vertretung, 3. Schulung". Als besondere Aufgaben wurden u. a. genannt: der Einsatz für die Vertriebenen (v. a. deren Betreuung in DP-Lagern), „Mädchenschutz" (d. h. durch Ausbildung für Haushalt oder Krankenpflege), Auswandererberatung, Suchtkranken-, (Kinder-)Erholungs- sowie Altenfürsorge – letzteres in Form von Unterbringung in Altenheimen. Daneben legte der Direktor in seinen Ausführungen besonderen Wert auf die Schulung der Mitarbeiter, denn, so Boskamp: „Es ist oft nicht damit getan, dass wir dem Nächsten mit hilfsbereiter Tat beistehen. Wertvolle Hilfe wird oft nur dadurch geleistet, dass man die Gesetze, die vom Wohlfahrtsstaat zum Nutzen der Notleidenden aufgestellt sind, auch wirklich kennt und dadurch recht raten kann. Wir können nicht Dilettanten sein

In den USA wird erstmals eine
Fernsehshow in Farbe ausgestrahlt
JULI 1951

und es den anderen überlassen, fachmännisch zu helfen …"[9] Auch Schulungen für andere caritativ tätige Berufsgruppen (Priester, Fürsorgerinnen, Caritasschwestern) nannte er essentiell.

Mehr Schulung und Ausbildung für Mitarbeiter

In diesen Jahrzehnten veränderte sich die Caritasarbeit strukturell nachhaltig und dauerhaft durch den Einsatz von hauptamtlichen Laien; langfristig kam es zu einem Rückzug des Klerus und Ordensangehöriger. Insgesamt wandelten sich auch die Anforderungen an die Arbeit in den Caritaseinrichtungen; die öffentliche Kritik wuchs insbesondere angesichts mangelnder Professionalität der Mitarbeiter. Daher spielte die Schulung und Ausbildung von caritativ tätigem bzw. Pflegepersonal seit den 50er-Jahren eine herausragende Rolle im Caritasverband. Ende der 50er-Jahre begannen zunächst einige konfessionelle Altenheime, für ihre Altenpflegerinnen betriebsinterne Schulungen durchzuführen. Da der personelle Bedarf ständig anstieg, entstanden dann zunächst konfessionelle und in der Folgezeit auch kommunale Ausbildungsstätten, wobei die Lehrgangsdauer wenige Wochen bis maximal sechs Monate dauerte. So richtete Hildegard Pautsch, Oberin der Diözesan-Caritasschwesternschaft, 1958 am neu errichteten Kölner Diözesan-Caritas-Altenheim St. Georg Halbjahreskurse zur Ausbildung von Altenpflegerinnen ein. In den ersten zehn Jahren konnten 246 geprüfte Altenpflegerinnen in die Praxis entlassen werden, wobei der überwiegende Teil zunächst noch Ordensschwestern waren.[10]

Auch im Bereich der Krankenpflege wurden – neben der klassischen Pflegeausbildung – in sog. Pflegevorschulen neue Wege erprobt. Mädchen, die mit 14 Jahren die Volksschule verließen, wurden bspw. in der genannten Schulungsstätte des Diözesan-Caritasverbandes zu Schwesternhelferinnen ausgebildet. Bei erfolgreichem Abschluss konnten sie in Kinderheimen, Krankenhäusern und Seniorenheimen eingesetzt werden. Für die Caritasschwesternschaft existierten seit 1958 eigene Fortbildungen im verbandseigenen Institut in Köln-Hohenlind.

Neben pflegerischen wurden auch Ausbildungen im sozialen Bereich eingeführt: In den 1952 eröffneten Bonner Seminaren für Ka-

Bundesvertriebenengesetz regelt Eingliederung von Vertriebenen und Flüchtlingen

MÄRZ 1953

Caritasschwestern vor
St. Elisabeth-Krankenhaus,
Köln-Hohenlind

techetik und Seelsorgehilfe etwa konnten zweijährige Ausbildungskurse zur Seelsorgehelferin oder Laienkatechetin absolviert werden,
deren Abschluss eine Tätigkeit im Volksschul-Religionsunterricht,
in der Caritaspflege oder im Pfarrbüro ermöglichte.[11] Schulungen
bot darüber hinaus auch das 1952 in Bad Honnef eröffnete Katholisch-Soziale Institut unter der Leitung des vormaligen Deutschen
Caritasverbandspräsidenten (und Kölner Diözesan-Caritasvorsitzenden) Prälat Franz Müller an.[12] Bereits im Januar 1949 hatte der Diözesan-Caritasverband außerdem ein Seminar für Wohlfahrts- und
Jugendpfleger in Düsseldorf eröffnet, das zweijährige Lehrgänge für
den Einsatz in der Caritas anbot und Ende 1951 nach Köln (Georgsstraße 7) umzog.[13] Zu diesem Zeitpunkt hatten bereits 81 Männer die
Ausbildung zum „Wohlfahrts- und Jugendpfleger" abgeschlossen.
Bis 1962 war die nun in „Höhere Fachschule für Sozialarbeit" umbenannte Ausbildungsstätte unter neuer Adresse (Sternengasse) auf
100 Plätze erweitert und ihr ein Wohnheim angegliedert worden.[14]
1971 schließlich ging sie in der heute noch bestehenden „Katholischen Fachhochschule NRW" in der Trägerschaft der fünf NRW-
Bistümer auf, die staatlich anerkannte Studiengänge im Gesundheits- und Sozialbereich anbietet.

Die Kehrseite der Professionalisierung war der Einbruch ehrenamtlicher Arbeit, verstärkt durch die zunehmende Berufstätigkeit von
Frauen. Auch den caritativen Fachverbänden fehlten ehrenamtliche
Kräfte, was zum Teil zu einer Neuausrichtung auf professioneller

Die Villa Hügel in Essen wird der
Öffentlichkeit zugänglich gemacht
Mai 1953

statt ehrenamtlicher Grundlage führte. Beispiele hierfür sind etwa der Katholische Männerfürsorgeverein, seit 1962 „Sozialdienst Katholischer Männer (SKM)" und der „Fürsorgeverein für Mädchen, Frauen und Kinder", seit 1968 „Sozialdienst katholischer Frauen (SkF)", die bis heute in dieser Form bestehen.[15]

Ausbau caritativer Anstalten und sozialer Dienste

Die zunehmende Professionalisierung ging einher mit einem Ausbau der caritativen Anstalten und sozialen Dienste. Gerade die Bedeutung von Altenheimen nahm zu, weil im Laufe der Nachkriegsjahre und der Zeit des wirtschaftlichen Aufschwungs die Zahl hilfsbedürftiger alter und behinderter Menschen durch die veränderte Bevölkerungsstruktur stark zugenommen hatte. Durch den Krieg und die Kriegsfolgen waren zudem frühere Familienstrukturen, in denen die alten Familienmitglieder noch ihren Platz gehabt hatten, vielfach auseinandergebrochen. Auch der Kölner Diözesan-Caritasverband hatte nach dem Krieg einige Altenheime u. a. in Bergisch Gladbach, Leichlingen, Lindlar, Beuel-Pützchen und St. Augustin eröffnet (siehe Kapitel 6), die größtenteils noch Anfang der 1960er-Jahre bestanden.[15]

Der Diözesan-Caritasverband widmete sich zudem in seinen Anstalten auch neuen Tätigkeitsfeldern: Schon 1959 hatte der Verband das ehemalige Zisterzienserinnenkloster Zissendorf bei Hennef erworben und dort im Folgejahr das „Kurheim St. Mechtild", eine Heilstätte für suchtkranke Frauen, eröffnet. Noch heute befindet sich diese Einrichtung ohne Funktionswandel in dessen Trägerschaft (heute: Fachklinik Zissendorf).

Daneben wurden im Bereich der offenen Fürsorge Beratungsstellen immer wichtiger. Bereits Anfang der 1950er-Jahre hatte der Deutsche Caritasverband der Bischofskonferenz eine Denkschrift „über die Notwendigkeit der Einrichtung von katholischen Erziehungsberatungsstellen" eingereicht.[16] Es folgten Beratungsstellen für Ehepaare, werdende Mütter (in Notsituationen), Ausländer, aber auch für Suchtkranke sowie, als neuartiges Seelsorgeangebot, die Telefonseelsorge.

Bischöfliche Hilfsaktionen Misereor und Adveniat: Auf Initiative von Generalvikar Teusch und Kardinal Frings errichtete die Bischofskonferenz 1959 die Fastenaktion Misereor (1967 in ein ständiges Hilfswerk umgewandelt), 1961 die Lateinamerika-Aktion Adveniat. Beide setzen sich mit Projekten für hilfsbedürftige Kirchen in den Entwicklungsländern ein und leisten „Hilfe zur Selbsthilfe". Bereits die erste Misereor-Kollekte erbrachte ein Ergebnis von über 33 Mio. DM.

Die meisten Aktivitäten des Diözesan-Caritasverbandes knüpften jedoch an die Arbeit der Nachkriegsjahre in der einen oder anderen Weise an. Dabei erfolgte in Anpassung an die neuen Zeitverhältnisse mitunter eine Umkehrung: Die Hilfspakete aus dem Ausland für die notleidende deutsche Bevölkerung gingen bereits Anfang der 1950er-Jahre, nach dem Einsetzen des wirtschaftlichen Aufschwungs, nur noch zu einem Bruchteil an nordrhein-westfälische Adressen. Die Bevölkerung befand sich nun ihrerseits in der Lage, Hilfe für Ärmere zu leisten. Im Erzbistum Köln wurden in den 50er- und 60er-Jahren verschiedene Sammlungen für die Opfer von Not und Naturkatastrophen in Europa und anderen Kontinenten (z. B. 1960 nach einem Tsunami in Chile) abgehalten.[17] Parallel zur Gründung der bischöflichen Hilfsaktionen Misereor und Adveniat errichtete der Deutsche Caritasverband ein Hilfswerk zur Not- und Katastrophenhilfe (heute: „Caritas International"). So konnte die deutsche Bevölkerung, die in den Nachkriegsjahren viel Hilfe aus dem Ausland erfahren hatte, nun einen Teil davon an die Ärmsten der Welt zurückgeben.

Die Zentrale des Diözesan-Caritasverbandes konnte 1953 endlich, nach Jahren in der Behelfsunterkunft am Georgsplatz, in das wieder aufgebaute Haus in der Georgstraße 7-9 umsiedeln, ebenfalls

Zentrale Diözesan-Caritasverband, 1953

Sitz des oben erwähnten Wohlfahrtspfleger-Seminars. Die Zahl der hauptamtlichen Mitarbeiter lag laut einer Liste über „Weihnachtsgratifikationen für Caritasmitarbeiter" im gleichen Jahr bei 30.[18] Weitere Einzelheiten zur Organisationsstruktur der Geschäftsstelle sind nicht überliefert.

Die Diözesansynode von 1954

Auf Bistumsebene bahnten sich derweil umfassende Neuerungen an. Zum Zwecke einer einheitlichen Kodifizierung des Bistumsrechtes berief Kardinal Frings vom 9.–11. März 1954 eine Diözesansynode ein, bei der sich erneut eine Fachkommission auch der Arbeit der Caritas widmete. Deren Zusammensetzung ist nicht überliefert, es ist aber davon auszugehen, dass sie in analoger Weise wie die früheren besetzt war – mit Caritasvertretern der verschiedenen Ebenen und dem Diözesan-Caritasvorsitzenden (Prälat Boskamp) als Kommissionsvorsitzendem. Die Synode stellte – wie die vorhergehenden – fest: „Der ,Diözesan-Caritasverband für das Erzbistum Köln' ist die vom Erzbischof von Köln anerkannte organisatorische Zusammenfassung der innerhalb des Erzbistums Köln der Caritas dienenden katholischen Einrichtungen."[19] Anders als in den früheren Synoden (1922, 1937) fasste man aber nun auch konkrete Beschlüsse zur Organisation und verbandlichen Struktur der Caritas auf Pfarr-, Orts- und Diözesanebene. Demnach wurde der Status des Diözesan-Caritasverbandes als „kirchliche Vereinigung" festgestellt, der somit der „erzbischöflichen Aufsicht" unterlag.[20] Die Befugnisse des Erzbischofs erstreckten sich nun sogar auf Personalangelegenheiten wie Anstellungsverträge; andererseits sollte die kirchliche Behörde Sorge für ausreichende finanzielle Mittel tragen.

Letzteres bezog sich insbesondere auf die Finanznöte, die den Diözesan-Caritasverband in den Jahren nach dem Krieg umgetrieben hatten. Hierzu hatte Direktor Boskamp den kirchlichen Behörden bereits im Jahr 1950 geschrieben, dass die „finanzielle Notlage der caritativen Organisationen" die „Erschließung neuer Geldquellen" notwendig erscheinen lasse, analog zur Inneren Mission etwa eine „Finanzierung mithilfe der Kirchensteuer".[21] Tatsächlich gewährte die bischöfliche Finanzkammer dem Diözesan-Caritasverband seit 1951 einen jährlichen Zuschuss aus Kirchensteuermitteln, der ein Drittel

Deutschland wird Fußball-Weltmeister

04. JULI 1954

der Gesamtausgaben decken sollte.[22] Zur Deckung des Restbetrages, der v. a. aus Mitgliedsbeiträgen, Sammlungen und Kollekten erbracht werden musste, führte Kardinal Frings zudem zum 1. Januar 1952 einen sog. „Caritaspfennig" für alle Gläubigen ein: Jeder Einzelne sollte jeden Monat einen Pfennig für überörtlich tätige caritative Einrichtungen spenden.[23] Auch die seit 1951 jährlich stattfindende „Caritas-Lotterie" sollte die Verbandsarbeit finanziell unterstützen.[24]

Die Beschlüsse der Synode erforderten eine Revision der Satzung des Diözesan-Caritasverbandes. Dessen Vorstand setzte eine Arbeitsgruppe zur Überarbeitung der Statuten und zur Erstellung einer Geschäftsordnung für die Vorstandsarbeit ein. Letztere wies insbesondere erstmals die faktisch schon seit Kriegsende 1945 bestehende Unterscheidung zwischen dem Diözesan-Caritasdirektor und einem ihm unterstellten Verwaltungsleiter „für den inneren Betrieb der Caritas-Zentrale" („Caritassekretär") aus.[25] Dass die Vorstellungen von Caritasverband und kirchlichen Behörden weit auseinanderklafften, zeigte sich schon in dem Dekretentwurf, den die Caritaskommission der Synode vorgelegt hatte: Entsprachen die meisten Passagen den später verabschiedeten Dekreten, so fanden sich in den Abschnitten mit Bezug auf den Diözesan-Caritasverband große Unterschiede.[26] Insbesondere hatte die Kommission die – in der verabschiedeten Fassung ausführlich behandelten – Befugnisse des Erzbischofs im Verband sowie die Stellung des Verbandes innerhalb der kirchlichen Hierarchie vollständig ausgeklammert. Auch mit der Überarbeitung der Satzung tat sich der Diözesan-Caritasverband schwer, trotz einiger Kompromisse z. B. im Personalbereich, sodass Generalvikar Teusch in den folgenden Jahren mehrfach intervenieren und um baldige Vorlage von Satzung und Geschäftsordnung bitten musste.[27] Die bereits 1955 auf der Mitgliederversammlung beschlossenen Statuten wurden daher erst 1966 erzbischöflich genehmigt.[28]

Ringen um Eigenständigkeit

Der Kölner und die anderen nordrhein-westfälischen Diözesan-Caritasverbände, juristisch sämtlich eingetragene Vereine (e. V.), nahmen sich aufgrund des staatlich anerkannten Status des Deutschen

Gründung der Bundeswehr

Nov. 1955

Caritasverbandes als Spitzenverband der freien Wohlfahrt aber auch weiterhin durchaus als eigenständige Organisationen wahr – ungeachtet der offiziellen Oberaufsicht durch den Ortsbischof und die finanzielle Abhängigkeit von den kirchlichen Behörden. Dies führte fast zwangsläufig zu Reibungen mit dem Episkopat. Nach der Gründung der Bundesrepublik Deutschland hatte nicht nur der Deutsche Caritasverband im Frühjahr 1951 seine Hauptvertretung für die britische Zone von Köln an den Regierungssitz in Bonn verlegt, auch die Bischöfe strebten nach einem engeren Kontakt zur Bundesregierung und hatten bereits 1950 das „Katholische Büro" in Bonn gegründet. Zusätzlich kam es 1958 auch zur Errichtung eines „Katholischen Büros NRW" bei der Landesregierung in Düsseldorf, dessen erster Leiter Prälat Paul Fillbrandt (1911–1986) wurde. Als dieser jedoch vom Sozialministerium zum Gespräch über Wohlfahrtsthemen geladen wurde, fühlten sich die Diözesan-Caritasverbände übergangen. Sie beschwerten sich durch den Aachener Diözesan-Caritasdirektor schriftlich beim zuständigen Staatssekretär, denn Fillbrandt sei „nur als Beauftragter der bischöflichen Generalvikariate, nicht aber als Beauftragter der Diözesancaritasverbände tätig"[29]. Die Reaktion von Kardinal Frings, Vorsitzender der Bischofskonferenz und somit Vorgesetzter von Fillbrandt, kam prompt und heftig. Durch seinen Generalvikar Teusch ließ er Caritasdirektor Boskamp mitteilen, der Kölner Diözesan-Caritasverband sei zwar „formal-zivilrechtlich eine eigene Rechtsperson, aber tatsächlich als Organ des Erzbischofs anzusehen", und ergänzte, dass immerhin „das Erzbistum durch finanzielle Hilfe den Diözesancaritasverband in den Stand versetzt, die ihm vom Erzbischof gegebenen Aufgaben zu erfüllen"[30] – eine Auffassung, der die Diözesan-Caritasverbände schlussendlich nichts entgegensetzen konnten. Der Grad der Irritation kirchlicher Behörden zeigte sich auch im Zusatz zum Briefentwurf, in dem Generalvikar Teusch eindringlich an Frings appelliert, sich den Diözesan-Caritasverbänden gegenüber klar durchzusetzen, da diese „ihren Charakter als Organ der Bischöfe allzugern vergessen, ein immer stärkeres Sonderleben entwickeln und die Tendenz haben, sich der bischöflichen Jurisdiktion zu entziehen"[31].

Die Verwobenheit des Caritasverbandes mit der verfassten Kirche wurde andererseits auch bei Bistumsveranstaltungen sichtbar, so bei

Bistum Essen (1958): Die Bevölkerungsexpansion im Ruhrgebiet im Zuge der Industrialisierung sowie der Zuzug Vertriebener nach dem Zweiten Weltkrieg hatten die Neuschaffung eines Bistums notwendig gemacht. Auf Initiative von Kardinal Frings wurde 1958 aus Teilen der (Erz-)Bistümer Köln, Münster und Paderborn die Diözese Essen (innerhalb der Kölner Kirchenprovinz) errichtet, was für die Erzdiözese Köln u. a. den Verlust der Städte Essen, Oberhausen und Mülheim an der Ruhr und von etwa 500.000 Gläubigen bedeutete. Der Diözesan-Caritasverband musste auf die dort angesiedelten Orts- und Kreiscaritasverbände verzichten. Auch rein statistisch machte sich dieser Einschnitt bemerkbar:[32] So führte der Diözesan-Caritasverband in seinem Handbuch von 1962 rund 300 Einrichtungen weniger auf als sechs Jahre zuvor. Erster Bischof von Essen wurde der bisherige Paderborner Weihbischof Franz Hengsbach (1910–1991).

Erstes Treffen der Regierungschefs
Adenauer und de Gaulle
SEPT. 1958

Florian Dekiert (1905–1972):
Dekiert war der erste
Direktor, der direkt aus
dem Bereich praktischer
Sozialarbeit kam. Er
absolvierte 1929–1930 die
Ausbildung zum Fürsorger
am Freiburger Seminar
für Wohlfahrtspflege,
1930–1942 arbeitete er
als Leiter der Abteilung
Suchtkrankenfürsorge im
Diözesan-Caritasverband
Köln (dann Kriegsdienst);
am 1. Oktober 1945
wurde er Verwaltungsleiter
(„Caritassekretär") des Diözesan-Caritasverbandes;
1965–1970: Diözesan-Ca-
ritasdirektor, 1970–1972:
Stellvertretender Vorsitzender
des Diözesan-Caritas-
verbandes.

der Vorbereitung des Deutschen Katholikentages in Köln 1956, an
der verschiedene Ebenen des Caritasverbandes und seiner Fachverbände beteiligt waren. Der Diözesan-Caritasverband etwa war mit
der Vermittlung von Unterkünften für die Teilnehmer betraut, unter
denen sich (letztmals!) allein 30.000 Menschen aus der DDR befanden.[33]

Paradigmenwechsel in der caritativen Arbeit

Befördert durch das Bundessozialhilfegesetz (1962) kam es in der
caritativen Arbeit zu einem Paradigmenwechsel, der sich (auch) in
der Begrifflichkeit widerspiegelte: aus „Fürsorge" für Benachteiligte
und in Not Geratene wurde „Hilfe (zur Selbsthilfe)". Die einzelnen
Arbeitsfelder des Caritasverbandes, in der Zentrale in Abteilungen
gegliedert, hießen nun etwa „Suchtkrankenhilfe", später „Gefähr-
detenhilfe" (statt „Suchtkrankenfürsorge") oder „Altenhilfe" (statt
„-fürsorge"); aus „Krüppelfürsorge" wurde „Behindertenhilfe", aus
„Mädchenschutz" „Mädchen-Sozialarbeit".[34] Neben der akuten Behebung von Notständen wurden so immer stärker Prävention und
Integration in den Vordergrund gerückt.

Durch den Tod des Diözesan-Caritasvorsitzenden Weihbischof Ferche kam es 1965 im Verband zu einem Leitungswechsel: Kardinal
Frings setzte Prälat Boskamp, seit über zwei Jahrzehnten Kölner
Diözesan-Caritasdirektor, als neuen Vorsitzenden ein. Zu seinem
Nachfolger wiederum wurde Florian Dekiert[35] berufen. Er war der
erste Laie, der innerhalb des Deutschen Caritasverbandes Diözesan-Caritasdirektor wurde. Empfohlen hatte er sich den bischöflichen Behörden durch seine langjährige Tätigkeit als Verwaltungsleiter der Zentrale; dort hatte Dekiert in der Nachkriegszeit bereits
in Kontakt mit den alliierten Besatzungsbehörden gestanden (siehe Kapitel 6) und den Diözesan-Caritastag 1952 in Essen organisiert. Dies bekräftigte erneut eine Entwicklung, in der Fachwissen
zunehmend wichtiger und stärker gefordert war als Priesterweihe
oder Ordenszugehörigkeit – eine Entwicklung, die sich auch in den
kommenden Jahrzehnten immer stärker auf die Einrichtungen der
Caritas und ihre Mitarbeiter erstrecken sollte.

Die britische Königin Elisabeth II.
besucht die Bundesrepublik

MAI 1965

1   ADiCV, Bestand I 128.

2   Undatierte Satzung (um 1955), in: ADiCV, Bestand I 128.

3   Daneben gaben die Kölner und andere Diözesen auch Kirchenland für Bauzwecke ab, vgl. Lakemeier, Chronik, S. 144–145.

4   Kurzbericht über den Verlauf des Diözesan-Caritastages 1952, in: ADiCV, Bestand I 100.

5   Abgedruckt, in: Gottes Liebe Lebt, S. 66–79.

6   Ebda., S. 71, 75.

7   Bericht über die Tätigkeit der Caritas in der Erzdiözese im Jahre 1951, in: ADiCV, Bestand I 100; abgedruckt, in: Gottes Liebe Lebt, S. 98–111.

8   Gottes Liebe Lebt, S. 110.

9   Ebda.

10 Vgl. Lakemeier, Chronik, S. 110; Caritas-Handbuch 1962; Caritas-Nachrichten 1966, S. 110.

11 Ankündigung der Eröffnung im KA vom 1. Februar 1952 bzw. vom 1. Juli 1952.

12 Vgl. Hegel, Erzbistum Köln, Band V, S. 637.

13 Caritas-Nachrichten vom 5. März 1952.

14 Caritas-Handbuch 1962; Splett, Chronik, S. 98–99.

15 Caritas-Handbuch 1949, 1962.

16 Denkschrift (um 1951), in: AEK, CR II 22.31a,5.

17 KA vom 20. Januar 1961, S. 20; vgl. auch zur Sammlung für Erdbebenopfer in der Türkei: Caritas-Nachrichten 1970, S. 92.

18 Liste, in: AEK, CR 22.31a,7.

19 Corsten III, S. 722.

20 Diözesansynode 1954, S. 414.

21 Schreiben Direktor Boskamp an das Kölner Ordinariat vom 22. Februar 1950, in: ADiCV, Bestand I 236.

22 Antwortschreiben des Kölner Generalvikariats vom 2. Januar 1953 auf eine Anfrage des Generalvikariats Osnabrück, in: AEK, CR II 22.31a,6.

23 Caritas-Nachrichten vom 1. Februar 1952.

24 Ankündigung in Caritas-Nachrichten vom 1. März 1951.

25 Geschäftsordnung vom 8. Juli 1958, in: AEK, CR II 22.31a,7.

26 Vorbereitende Kommission, in: ADiCV, Bestand I 236.

27 AEK, CR II 22.31a,7.

28 Caritas-Nachrichten 1966, S. 147–151; auch abgedruckt bei Corsten III, S. 722–726.

29 Schreiben des Aachener Diözesan-Caritasdirektors Firmenich vom 6. Juli 1959, in: AEK, CR II 22.31a,1.

30 Schreiben Teusch an Boskamp vom 15. September 1959, in: AEK, CR II 22.31a,1.

31 Ebda.

32 Caritas-Handbuch 1956; 1962.

33 Vgl. hierzu Caritas in NRW 1979, S. 254.

34 Vgl. Caritas-Adressbuch 1967, Diagramm im Anhang.

35 Lebenslauf abgedruckt in Caritas-Nachrichten 1970, S. 69–70.

„Gratwanderung zwischen Bibel und Bilanz"

Caritasdirektor Dr. Alfred Dünner, 1994

STRUKTURREFORMEN UND MODERNISIERUNG BIS ZUM ENDE DER ACHTZIGERJAHRE

Kapitel

8

Zweites Vatikanum und „Würzburger Synode": Das von Papst Johannes XXIII. (1881–1963) einberufene und von seinem Nachfolger Papst Paul VI. (1897–1978) fortgeführte Zweite Vatikanische Konzil fand in mehreren Sitzungsperioden von 1962–1965 im Vatikan statt. Es sollte der innerkirchlichen Erneuerung dienen. Die verabschiedeten Konstitutionen, Beschlüsse und Erklärungen betrafen alle innerkirchlichen Bereiche, z. B. Verhältnis von Ortskirchen und Vatikan, Liturgie, Priesterdienst und -ausbildung, Ordensleben, Laienapostolat sowie das Verhältnis zu anderen Religionen. Die von 1971–1975 in Würzburg tagende „Gemeinsame Synode der Bistümer in der BRD" („Würzburger Synode") sollte die Dekrete des Zweiten Vatikanums auf die Verhältnisse in der Bundesrepublik anwenden.

Ab Ende der 1960er-Jahre veränderten sich die politische Landschaft und – im Zuge der politisch linksgerichteten 68er-Bewegung – das gesellschaftliche Klima in der Bundesrepublik. Der gesellschaftliche Umbruch war zugleich ein kirchlicher: Die bereits in nationalsozialistischer Zeit aufgetretenen kirchlichen Krisenerscheinungen verstärkten sich zeitgleich mit dem Verlauf des Zweiten Vatikanischen Konzils. Die fundamentalen Reformen, die das Konzil angestoßen hatte, führten mancherorts zur Verunsicherung der Gläubigen, v. a. aber zu Konflikten der kirchlichen Behörden mit reformfreudigen Katholiken, etwa in den Studentengemeinden. Es fand eine „Entkirchlichung" oder doch zumindest eine Lockerung der Kirchenbindung des katholischen Bevölkerungsteils statt: Die Kirchenaustrittszahlen stiegen sprunghaft an; gleichzeitig verzeichnete man einen erheblichen Rückgang regelmäßiger Gottesdienstbesucher.[1] Interessanterweise erlebte der Caritasverband entgegen dem Trend gerade in dieser Zeit einen Aufschwung.

Brischs „Provokation"

Diözesan-Caritasdirektor Florian Dekiert, durch gesundheitliche Probleme zunehmend eingeschränkt, trat 1970 von seinem Amt zurück, unter gleichzeitiger Ernennung zum stellvertretenden Vorsitzenden des Diözesan-Caritasverbandes.[2] Ihm folgte Dr. Ulrich Brisch, ehemaliger Kölner Beigeordneter und Sozialpolitiker mit Leib und Seele, ein Pragmatiker, der zuweilen auch unbequem sein konnte. Brisch hatte in seiner Schlussansprache anlässlich der Verabschiedung durch den Kölner Oberbürgermeister eine aufrüttelnde Rede gehalten mit dem vielsagenden Titel „Provokation".[3] Hierin prangerte er in teils drastischen Worten die soziale Kälte in Politik und Gesellschaft an: „Wir kehren ganze Menschengruppen unter den Teppich. Wir haben Statistiken für Bienenkörbe und Obstbäume, aber wir haben keine Statistiken im Bund über die Zahl der Obdachlosen. In Köln sind es 17.000, in NRW 208.000 […], darunter 60 % Kinder und Jugendliche. […] Wir haben sie abgeschrieben und bezeichnen sie als asozial. Aber sind denn Kinder und Jugendliche asozial? Können sie etwas dafür, dass ihr Vater Trinker ist oder ihre Mutter auf den Strich geht?" Seiner Meinung nach sei das Hauptproblem der Gegenwart „die Isolation der Menschen unserer Zeit". Er führte aus: „Die sozialen Probleme in der sozialen Wirklichkeit un-

Zweites Vatikanisches Konzil

1962–1965

serer Zeit sind andere geworden. Sie sind schichtenunabhängig und schichtenunspezifisch und sie erfassen klein und groß und arm und reich. […] soziale Arbeit ist nicht mehr nur ‚Arme-Leute-Kram'." Mit seiner Situationsanalyse rannte er beim Diözesan-Caritasverband „offene Türen ein"; die Caritas-Nachrichten druckten seine Rede im Volltext ab.[4]

Brisch war im sozialen Bereich auch in der Aus- und Fortbildung involviert; so hatte er nicht nur den Vorsitz im Verwaltungsrat an der neu gegründeten Katholischen Fachhochschule NRW inne (siehe Kapitel 7); seit 1970 war er zudem Lehrbeauftragter für Caritaswissenschaften im Kölner Priesterseminar.[5] Davon, dass letzteres nicht auf uneingeschränkte Gegenliebe stieß, zeugt eine Aktennotiz von Brisch zu einer Unterredung von ihm und dem Diözesan-Caritasvorsitzenden Boskamp mit Generalvikar Nettekoven im Jahr 1973. Brisch notierte: „Es ging vor allem um das Verhältnis des Generalvikariats zum Caritasverband … [Es] ist beim Generalvikar der Eindruck entstanden, dass in den Werkwochen im Priesterseminar die Seminaristen von mir zu stark zu ‚Sozialarbeitern' ausgerichtet würden; die Theologie käme zu kurz …"[6] Obwohl die kirchlichen Behörden also eine Aus- und Weiterbildung der Priesteramtskandidaten auf caritativ-sozialem Gebiet wünschten, sollten jene durch das Thema dennoch nicht zu sehr vereinnahmt und von ihrem „eigentlichen Auftrag" abgelenkt werden – für einen Dozenten der „Caritaswissenschaften" sicherlich eine Gratwanderung.

Junge Menschen im Blick

Vor dem Hintergrund des gesellschaftlichen Wandels erprobte man mitunter neue Wege zur „sozialen Sensibilisierung" der Jugend: Seit Anfang 1971 veranstaltete der Diözesan-Caritasverband sog. „soziale Konfrontationen" für Schüler an weiterführenden Schulen, die als „Ergänzung oder Ablösung von Besinnungstagen bzw. Exerzitien verstanden"[7] werden sollten. Hierfür war eigens das ehemalige Müttererholungsheim in Thilhove im Rhein-Sieg-Kreis vom Stadtcaritasverband Bonn übernommen und zu einer Jugendbildungsstätte umgebaut worden. In der Regel ließ man diese viertägigen Seminare von einem Caritasreferenten und einem katholischen Geistlichen durchführen. Die Veranstaltungsform diente dazu, bei

Dr. Ulrich Brisch (1925–1988): Der Jurist Ulrich Brisch war seit 1957 Beigeordneter (CDU) im Rat der Stadt Köln und Sozialdezernent, 1969 allerdings aufgrund der parteilichen Mehrheitsverhältnisse im Rat abgewählt worden. Seine Anliegen waren v. a. die Behebung der Wohnungsnot und Hilfen für Obdachlose. Er veröffentlichte verschiedene sozialpolitische Denkschriften und wissenschaftliche Arbeiten, u. a. zum „Obdachlosenproblem", zum „Altenproblem" und zur Notwendigkeit der Hilfeleistung für geistig Behinderte. Der Diözesan-Caritasdirektor verstarb 1988, noch während seiner Amtszeit.

Für Angestellte in der BRD tritt die Lohnfortzahlung im Krankheitsfall in Kraft

Jan. 1970

den Teilnehmenden ein soziales Bewusstsein zu wecken und Berührungsängste sowie Vorurteile gegenüber Benachteiligten oder sozialen Randgruppen abzubauen. Die Nachfrage stieg in den folgenden Jahren derart an, dass neben zwei hauptamtlichen Caritasreferenten Studierende der Sozialpädagogik und der Theologie zur Durchführung eingesetzt wurden; im Jahr 1975 fanden bereits 28 Kurse statt.

Daneben bemühte sich der Diözesan-Caritasverband auch auf andere Weise, bei jungen Menschen Interesse für soziale Berufe zu wecken. „Auf ausdrücklichen Wunsch" von Kardinal Höffner[8] bot der Verband seit 1976 eine vorbereitende Schulung und Vermittlung von Einsatzplätzen für ein „Freiwilliges Soziales Jahr" an. Das Angebot wurde recht gut angenommen. Bereits im ersten Jahr durchliefen elf junge Frauen die Schulung, im folgenden Jahr waren es 22, „die wir aus 73 Bewerbungen auswählen konnten", wie Direktor Brisch berichtete.[9]

Das „Herzensthema" Kardinal Höffners, seit 1969 Nachfolger des zurückgetretenen Kardinal Frings, war die kirchliche Soziallehre, die Verwirklichung sozialer Gerechtigkeit im und durch den Staat. Vor diesem Hintergrund ist auch sein besonderes Interesse an der Arbeit des Caritasverbandes zu verstehen. So rief Höffner einen erzbischöflichen „Caritasrat" als verbindendes Gremium zwischen kirchlicher Behörde und Diözesan-Caritasverband ins Leben. Dessen erste Sitzung fand im Februar 1974 statt und befasste sich zunächst – wieder einmal – mit der „Stellung des Diözesan-Caritasverbandes im Verhältnis zum Generalvikariat"[10].

Neues Verhältnis zwischen Haupt- und Ehrenamt

Die Professionalisierung und der Ausbau sozialer Dienste erforderte ein erhöhtes Personalaufkommen in der Caritasarbeit. Tatsächlich verdoppelte sich die Zahl hauptberuflicher Mitarbeiter innerhalb des Deutschen Caritasverbandes zwischen 1970 und 1990 nahezu (von 191.229 auf 347.566 Mitarbeiter);[11] für das Erzbistum Köln liegen hierzu keine Zahlen vor. Zur gleichen Zeit vollzogen sich die bereits angesprochenen Veränderungen in der Personalstruktur. Durch den Rückgang von caritativ tätigen Ordensangehörigen und Ehrenamtlichen wurde das Bild der Caritasarbeit zunehmend von

Joseph Höffner (1906–1987): Studium der Theologie und Volkswirtschaft in Rom und Freiburg i. Br., 1932 Priesterweihe in Rom, vierfach promoviert (Dr. phil., Dr. theol. [2x], Dr. rer. pol.), 1951 Professor für Christliche Sozialwissenschaften an der Westfälischen Wilhelms-Universität Münster und Gründung des „Instituts für Christliche Sozialwissenschaften", Mitglied in verschiedenen wissenschaftlichen Beiräten an Bundesministerien, Publikation des Lehrbuches „Christliche Gesellschaftslehre" (1962), bis heute ein Standardwerk zur Soziallehre der Kirche. 1962 Ernennung zum Bischof von Münster und Bischofsweihe, 1969 Koadjutor-Erzbischof des erblindeten Kölner Kardinal Frings, im selben Jahr Erzbischof von Köln und Aufnahme in das Kardinalskollegium. 1976–1987 Vorsitzender der Deutschen Bischofskonferenz.

Veröffentlichung des ersten Sozialberichtes der Bundesregierung

APR. 1970

hauptamtlichen Kräften bestimmt. Dabei erkannte man den eigentlichen Wert ehrenamtlicher Tätigkeit als Pendant professioneller Arbeit erst jetzt neu. So stellte die Rektorin der Katholischen Fachhochschule NRW, Prof. Teresa Bock, 1976 die Unentbehrlichkeit beider Gruppen fest: „Fachkräfte können den Ehrenamtlichen nicht ersetzen. […] Ehrenamtliche entdecken viel Not in ihren Ursprüngen, bevor sie zur Katastrophensituation geworden ist. […] Hilfe durch Ehrenamtliche … ergänzt den programmierten, zeitlich befristeten Einsatz der hauptamtlichen Kraft und lässt ihn damit oft erst wirksam werden."[12]

Der Rückgang von Ordensangehörigen und ehrenamtlichen Kräften (und damit zugleich die Kostenexplosion durch die Beschäftigung von Fachkräften) hatte im Übrigen nicht nur die Schließung vieler kleinerer Anstalten, sondern auch eine Ablösung caritativer Arbeit von der Pfarrgemeinde zur Folge.[13] Dies wird besonders deutlich auf dem Gebiet der Gemeindekrankenschwestern (bzw. Gemeindestationen), die bis in die Nachkriegszeit hinein in fast jeder größeren Pfarrei zur Pflege von Kranken, Alten und Familien vorhanden und damit kennzeichnend für caritatives Wirken auf Pfarrebene waren. Anfang der 1970er-Jahre traten nun an die Seite der Gemeindestationen, immer häufiger auch an deren Stelle, Sozialstationen, die von Fachkräften geleitet und regional (nach Landkreisen) organisiert waren. Auch im Erzbistum Köln kam es in den 1970er-Jahren in verschiedenen Städten und Kreisen zur Neuregelung der ambulanten Krankenpflege und Einrichtung von Sozial- bzw. Caritas-Pflegestationen; im Jahr 1978 waren es bereits 23.[14] Die Pfarrgemeinde als Fürsorgeeinheit trat immer mehr in den Hintergrund. Doch scheint dies in den Gemeinden keinen nennenswerten Widerstand hervorgerufen zu haben, was umso bemerkenswerter ist, da sich diese damit von einem der drei elementaren Bestandteile kirchlichen Lebens (siehe Einleitung) verabschiedeten.

Die stärkere Verrechtlichung im sozialen Bereich ließ fachgleiche Zusammenschlüsse katholischer Einrichtungen sinnvoll oder sogar unerlässlich erscheinen. Zwischen 1974 und 1977 entstanden auf diese Weise fünf fachbezogene Arbeitsgemeinschaften caritativer Einrichtungen im Erzbistum Köln, die wiederum an bundesweite

25 Jahre BRD
23. Mai 1974

Dachverbände angegliedert waren: Diözesan-Arbeitsgemeinschaften der Heime und Ausbildungsstätten der katholischen Altenhilfe, der Heim- und Heilpädagogik, der katholischen Krankenhäuser, der Behindertenhilfe sowie der Beratungsstellen und Telefonseelsorge.[15] Hier sollten Sachfragen erörtert und die Weiter- und Fortbildung von Mitarbeitern und Führungskräften sowie die Öffentlichkeitsarbeit gefördert werden.

Auch Kardinal Höffner erkannte die Notwendigkeit derartiger Zusammenschlüsse. So begrüßte er anlässlich der Gründungsversammlung der „Diözesan-Arbeitsgemeinschaft der katholischen Krankenhäuser in der Erzdiözese Köln" 1975 diese Verbindung ausdrücklich und führte aus: „Zur Subsidiarität muss gerade in dieser Stunde die Solidarität kommen. Unsere katholischen Krankenhäuser stehen vor zahlreichen Aufgaben, die nur in solidarischer Verbundenheit … gemeistert werden können."[16] Richtungsweisend erwies er sich insbesondere mit seinem Rat, neben der Koordinierung der Aufgaben auch die Möglichkeiten echter Kooperation auszuloten, in dem Sinne, dass benachbarte Häuser unterschiedliche Schwerpunkte entwickeln und sich in der Folge zu einem Verbund zusammenschließen könnten – eine Vision, die bereits wenige Jahrzehnte später allerorten Realität werden sollte.

Gerade im Bereich der Krankenhäuser schien vor dem Hintergrund der erwähnten Reformen auch eine stärkere Verbindung zur (Landes-)Politik wünschenswert. Daher richteten die fünf nordrhein-westfälischen Bistümer gemeinsam mit den Diözesan-Caritasverbänden im Mai 1976 eine „Krankenhauskommission NRW" mit Sitz im Katholischen Büro NRW in Düsseldorf (siehe Kapitel 7) ein. Kommissionsleiter wurde Hermann Josef Spital (1925–2007), der Münsteraner Generalvikar und spätere Trierer Bischof.[17]

Neue Formen kirchlicher Trägerschaften

In dieser Zeit entstanden auch neue Formen kirchlicher Trägerschaft. So kam es 1979 zur Bildung der „Caritas-Betriebsführungs- und Trägergesellschaft mbH (CBT)". In diese wurden v. a. die Diözesan-Caritaseinrichtungen der Alten- und Behindertenhilfe überführt. Auch andere, „überforderte" kirchliche Träger, etwa Pfarrgemeinden, soll-

*Prozessauftakt gegen die Führungsriege
der Baader-Meinhof-Gruppe*

MAI 1975

ten Direktor Brisch zufolge in näherer Zukunft die Gelegenheit erhalten, ihre caritativen Einrichtungen der CBT zu übergeben.[18] Nach diesem Vorbild erfolgte 1983 auch die Errichtung der „Caritas-Jugendhilfe-Gesellschaft mbH (CJG)". Gesellschafter waren (und sind), ebenso wie bei der CBT, der Diözesan-Caritasverband Köln und das Erzbistum Köln. Die CJG unterhielt verschiedene Jugendhilfe-Einrichtungen im Erzbistum Köln, etwa das Jugendwerk St. Ansgar in Happerschoß bei Hennef.[19] Dieses in der Nachkriegszeit von den NRW-Bistümern errichtete Kinderheim war zuvor „Sorgenkind" der Bischöfe und wegen finanzieller Schwierigkeiten von der Schließung bedroht. Durch die Überführung in die CJG konnte die Einrichtung dauerhaft erhalten bleiben. Auch an einem weiteren, traditionsreichen Unternehmen beteiligte sich der Diözesan-Caritasverband, als er 1979 auf Initiative des Trägers Deutscher Caritasverband eine Zweidrittelmehrheitsbeteiligung an der GmbH des St. Elisabeth-Krankenhauses in Köln-Hohenlind übernahm. Bis heute sind der Diözesan-Caritasverband und eine Tochter des Deutschen Caritasverbandes gemeinsam Gesellschafter.[20]

Die immer stärkere Institutionalisierung sozialer Arbeit erfasste auch den Diözesan-Caritasverband. Im Rahmen der Restrukturierung der bischöflichen Verwaltung nahm der Diözesan-Caritasverband seit 1974 die Aufgaben der Hauptabteilung Caritas (Abt. 4) des Generalvikariats wahr.[21] Daraufhin erhielt auch der Diözesan-Caritasverband – in Anlehnung an die erzbischöfliche Verwaltungsbehörde – eine neue Abteilungsstruktur.[22] Der Statistik zufolge waren 1977 immerhin 95 Mitarbeiter in der Caritaszentrale tätig, davon zwei Drittel Frauen – gegenüber den 1950er-Jahren (siehe Kapitel 7) bedeutete dies eine Steigerung der Mitarbeiterzahl um das Dreifache! Allein in der (nach dem Wegzug des Zentralverbandes katholischer Kindergärten und -horte Deutschlands nach Freiburg) neu geschaffenen Abteilung „Kindertageseinrichtungen" waren, neben der Abteilungsleiterin, 16 Fachberaterinnen und Sekretariatskräfte tätig.[23] Die Zahl war dennoch eher gering im Vergleich zu den Stadt- und Kreiscaritasverbänden, in deren Einrichtungen und Beratungsstellen viele Menschen versorgt werden mussten, sodass deren Mitarbeiter vielfältige soziale Dienste leisteten, die der Diözesan-Caritasverband koordinierte. 1983 umfasste etwa der Bonner

Erster „Ausländerkongress"
der Bundesrepublik

JUNI 1975

Caritasverband 250 hauptamtliche Mitarbeiter einschließlich zwölf Zivildienstleistenden.[24]

Innere und äußere Neustrukturierung

Die Neustrukturierung und der Personalzuwachs verlangten auch nach größeren Räumlichkeiten. Daher wurde die Zentrale in der Georgstraße 7 1975–1976 umgebaut und erweitert.[25] 1986 wurde die Caritaszentrale erneut erweitert. Der im Hof erstellte Neubau mit Tiefgarage und dreiflügeligem Erdgeschoss beheimatete Büros, Schulungs- und Sitzungsräume.

Die frisch renovierte Zentrale des Diözesan-Caritasverbandes nach Umbau 1976

Auch die Statuten des Diözesan-Caritasverbandes wurden im Zuge dieser Umstrukturierungen überarbeitet. 1979 genehmigte der Kölner Erzbischof die revidierte Form der Satzung.[26] Um die Arbeit effektiver zu gestalten, kam es zu einer Aufhebung der Trennung zwischen „erweitertem" und „engerem" Vorstand – der jetzige Vorstand bestand statt aus elf aus drei Personen (Vorsitzender, Stellvertretender Vorsitzender, Caritasdirektor). Eine weitere Neuerung war die Einrichtung eines Diözesan-Caritasrates[27], der an die Stelle des bisherigen Diözesanausschusses trat und sich aus dem Vorstand und zwölf weiteren, vom Vorstand bzw. der Vertreterversammlung gewählten Mitgliedern zusammensetzte. Die erzbischöfliche Aufsicht wurde erneut bestätigt, erstreckte sich u. a. auf Finanz- und Rechtsange-

Entführung von Arbeitgeberpräsident
Hanns Martin Schleyer in Köln

05. SEPT. 1977

legenheiten, jedoch nicht mehr auf die inneren Personalangelegenheiten (siehe Kapitel 7). In einer weiteren Satzungsrevision (genehmigt 1988) führte man das Amt eines geistlichen Beirates „für die geistlichen Aufgaben im Diözesan-Caritasverband" ein.[28]

Die Außenwirkung des Diözesan-Caritasverbandes wurde zu allen Zeiten auch von seinen leitenden Persönlichkeiten bestimmt. Nach über 30 Jahren im Vorstand, davon 14 Jahre als Vorsitzender, trat Prälat Boskamp 1979 aus Altersgründen von seinem Amt zurück. Dem Diözesan-Caritasverband blieb er jedoch weiterhin verbunden – Kardinal Höffner ernannte ihn zum Ehrenvorsitzenden. Bis zu seinem Tod 1983 war er daneben weiterhin Pfarrverweser an der „Caritaskirche" St. Georg. Zu Boskamps Nachfolger bestimmte der Kardinal Dompropst Heinz-Werner Ketzer (1914–1984).[29] Dieser war vor seiner 1978 erfolgten Ernennung zum Dompropst in Neuss Stadtdechant und Vorsitzender des Ortscaritasverbandes gewesen. Ketzer war für seinen ausgeprägten Humor bekannt: In Aachen wurde ihm 1981 der Orden „Wider den tierischen Ernst" verliehen. Nicht zuletzt wegen der erheiternden Predigten und Sprüche des scherzhaft-doppeldeutig „der Ketzer" genannten Dompropstes wurde sein Tod 1984 auch überregional wahrgenommen.

Ein Generalvikar als Vorsitzender

Nach einer mehrmonatigen Vakanz kam es zu einem Novum in der Diözesan-Caritasverbandsgeschichte: Kardinal Höffner setzte am 9. Januar 1985 seinen seit 1975 amtierenden Generalvikar Norbert Feldhoff (geb. 1939) als Vorsitzenden ein.[30] Die Verbindung zwischen dem Diözesan-Caritasverband und dem Kölner Ordinariat wurde durch die Ernennung des Verwaltungsleiters der bischöflichen Behörde noch enger. Diese Verwobenheit sorgte anfangs für mancherlei Bedenken auf Seiten des Verbandes; der spätere Direktor Dünner entdeckte hierin jedoch auch Vorteile und formulierte rückblickend in einem Interview salopp, hierdurch sei ihm „mancher Ärger vom Hals gehalten"[31] worden. Feldhoff hatte sich bereits als Generalvikar den Ruf eines Organisationstalents erworben und galt als ausgewiesener Experte für Kirchenfinanzen. Als Diözesan-Caritasvorsitzender betonte er, wie wichtig die Verankerung der Caritasarbeit in den einzelnen Pfarrgemeinden sei. Das Kennzeichen der christlichen

Dompropst Heinz-Werner Ketzer und Generalvikar Norbert Feldhoff, Karneval 1980

40.000 Kernkraftgegner demonstrieren gegen geplante Atommülldeponie Gorleben

MÄRZ 1979

Norbert Feldhoff bei der
Grundsteinlegung des
Maternushaus Köln, 1979

Caritas, so Feldhoff, müsse immer eine gewisse Unruhe sein, damit Augen und Herz sich für neu entstandene Nöte öffneten.[32]

Auch in der Position des Diözesan-Caritasdirektors ergaben sich 1988 Veränderungen, als Dr. Brisch, noch während seiner Amtszeit, unerwartet verstarb. Daraufhin wurde Dr. Alfred Dünner (geb. 1932) neuer Direktor des Diözesan-Caritasverbandes Köln. Zuvor war der Jurist Beigeordneter in Bergisch Gladbach (1970–1975) sowie im Landeswohlfahrtsverband Hessen (1975–1988) gewesen, wo er u. a. verantwortlich war für das Landessozialamt, die Hauptfürsorgestelle und den Fachbereich Erziehungshilfe. Durch seine Vorstandstätigkeit im Caritasverband für den Rheinisch-Bergischen Kreis war er mit der Caritas bereits vertraut.[33] Dünner setzte sich im Diözesan-Caritasverband vehement gegen eine „Entwicklung hin zum reinen sozialen Dienstleister" ein; caritative Arbeit könne man nicht auf eine „Leistung", vergleichbar mit „Ware", reduzieren. Sie müsse vielmehr „auch den Ärmsten, an denen nichts mehr verdient werden kann, Hoffnung und Linderung bringen". Gleichzeitig begrüßte er die Konkurrenz zu anderen privaten Dienstleistern als „Chance, alles kritisch zu hinterfragen, und uns zu erneuern, wo es nötig ist"[34]. Der Verband müsse, bei aller praktizierter Nächstenliebe, eben auch wirtschaftlich denken. Damit beschrieb Dünner bereits die Gratwanderung, die den Verband in den nächsten Jahrzehnten erwarten würde.

Dr. Alfred Dünner (geb.
1932), Diözesan-Caritas-
direktor 1988–1994

Die Bedeutung des Diözesan-Caritasverbandes im Erzbistum betonte auch der neue Kölner Erzbischof Joachim Kardinal Meisner (geb. 1933), der den Verband im April 1989, wenige Wochen nach Amtsantritt, besuchte – allein dies ein Zeichen dafür, welchen Stellenwert der Kardinal dem Verband beimaß. Am Ende der Eucharistiefeier mit den Mitarbeitern in St. Georg bedankte er sich ausdrücklich bei den Anwesenden „… für Ihre alltägliche Arbeit […]. Sie geschieht zum größten Teil unter Ausschluss der Öffentlichkeit, auch unter Ausschluss der kirchlichen Öffentlichkeit. […] die Caritas gehört nicht an den Rand, sondern in das Zentrum der Kirche"[35].

Die in den 1960er- und 1970er-Jahren begonnene Entwicklung setzte sich auch nach 1990 fort – der Fall der Mauer und die deutsche

NRW startet Modellversuch mit Methadon
als Entzugshilfe für Heroinabhängige
MÄRZ 1988

Wiedervereinigung sowie die dadurch verursachten gesellschaftlichen Transformationen erforderten allerdings für die freie Wohlfahrtspflege ein Umdenken in vielen Bereichen. Diözesan-Caritasdirektor Dünner konstatierte anlässlich seiner Verabschiedung 1994
für den Caritasverband: „Unser Weg in die Zukunft wird eine Gratwanderung zwischen Bibel und Bilanz sein."[36]

Kardinal Meisner besucht
den Diözesan-Caritas-
verband, 1989

Nach dem Mauerfall besuchen ca. 3 Mio.
DDR-Bürger die BRD und West-Berlin

11.–12. Nov. 1989

1 Vgl. Gabriel, Caritas, S. 61.

2 Verabschiedung Hr. Dekiert und Einführung Dr. Brisch am 1. April 1970, in: AEK, CR III, Zugang 1653, Nr. 10.

3 Abgedruckt in: Caritas-Nachrichten 1970, S. 74–77.

4 Ebda.

5 ADiCV, Neuerer Bestand, Aktenordner „Chronik".

6 Aktennotiz vom 26. Juli 1973, in: ADiCV, Neuerer Bestand, Aktenordner „Konveniat – Caritasrat – Kardinalskreis".

7 Vorstellung des Projektes, in: Caritas in NRW 1975, S. 30–32.

8 Vgl. Trippen, Höffner.

9 Jahresbericht 1979, in: ADiCV, Neuerer Bestand, Aktenserie „Vorstand DiCV".

10 Schreiben von Brisch und Boskamp an Kardinal Höffner vom 11. September 1972 mit Erinnerung, dass der Kardinal anlässlich der Visitation die Einrichtung eines „Caritasrates" zugesagt habe, sowie Einladung zur ersten Sitzung am 6. Februar 1974, in: ADiCV, Neuerer Bestand, Aktenordner „Konveniat – Caritasrat – Kardinalskreis".

11 Vgl. Bühler, Soziale Einrichtungen, S. 319.

12 Aufsatz zum Schwerpunktthema „Ehrenamtliche Tätigkeit", in: Caritas in NRW 1976, S. 5–7.

13 Vgl. Frie, Caritativer Katholizismus, S. 39–55.

14 Vgl. Brzosa, Düsseldorf, S. 885–894.

15 Vgl. Splett, Chronik, S. 148, 151–154; Caritas in NRW 1974, S. 467; 1976, S. 58–59.

16 Ansprache Kardinal Höffner vom 27. November 1975, in: ADCV, AP 68.

17 Vgl. Splett, Chronik, S. 145–146.

18 Jahresbericht 1979, in: ADiCV, Neuerer Bestand, Aktenserie „Vorstand DiCV".

19 ADiCV, Bestand I 3.

20 Jahresbericht 1979, in: ADiCV, Neuerer Bestand, Aktenserie „Vorstand DiCV".

21 Jahresbericht 1976, in: ADiCV, Neuerer Bestand, Aktenserie „Vorstand DiCV".

22 Ebda.

23 Bis 1989 stieg die Zahl der Diözesan-Caritasmitarbeiter auf 127; vgl. Diözesan-Caritasverband für das Erzbistum Köln e. V., Organisationsplan 1989.

24 Vgl. Lagebericht des Caritasverbandes für die Stadt Bonn im Frühjahr 1983, S. 134.

25 Die Geschäftsstelle war in dieser Zeit ausgelagert in einer ehemaligen Bundeswehrdienststelle am Salierring. Am 4. November 1976 fand eine interne Feier zum Wiedereinzug in das vergrößerte Gebäude Georgstraße statt; vgl. Caritas in NRW 1976, S. 514–516; Splett, Chronik, S. 136–137.

26 Veröffentlicht im Amtsblatt des Erzbistums Köln 1979, S. 47–51.

27 Trotz Namensgleichheit handelt es sich hier um ein Organ des Diözesan-Caritasverbandes; dieses ist nicht deckungsgleich mit dem von Höffner ins Leben gerufenen bischöflichen Gremium.

28 Veröffentlicht im Amtsblatt des Erzbistums Köln 1988, S. 95.

29 Abschied von Prälat Boskamp und Einführung von Dompropst Ketzer, in: Caritas in NRW 1979, S. 252–255.

30 Vgl. Caritas in NRW 1985, S. 69.

31 Kirchenzeitung für das Erzbistum Köln vom 23. Dezember 1994, S. 9.

32 Interview mit Dompropst em. Dr. h. c. Norbert Feldhoff vom 10. August 2015.

33 Vgl. Caritas in NRW 1988, S. 340.

34 Kirchenzeitung für das Erzbistum Köln vom 23. Dezember 1994, S. 9.

35 Caritas in NRW 1989, S. 259–260.

36 Kirchenzeitung für das Erzbistum Köln vom 23. Dezember 1994, S. 9.

DER DIÖZESAN-CARITASVERBAND AM JAHRTAUSENDWECHSEL

Ein Streifzug durch ein Vierteljahrhundert
seiner Geschichte von 1990 bis 2016

Kapitel

Gefühlt dreht sich die Welt immer schneller und die rasanten gesellschaftlichen Veränderungen der letzten 25 Jahre betreffen nahezu jeden Bereich des sozialen und persönlichen Lebens. Zunächst sollen vier wesentliche Umbrüche unserer Zeit skizziert und danach beispielhaft Wandlungen in zehn Handlungsfeldern des Diözesan-Caritasverbandes aufgezeigt werden – als Antworten auf die neuen Herausforderungen. Die Geschicke des Verbandes leiten in dieser Periode die Diözesan-Caritasdirektoren Dr. Winfried Risse, der sein Amt 1995 von Alfred Dünner übernahm (siehe Kapitel 8), und Dr. Frank Johannes Hensel seit 2005 bis heute. Knapp 20 Jahre war Dr. Norbert Feldhoff Vorsitzender des Diözesan-Caritasverbandes (siehe Kapitel 8), bis Weihbischof Dr. Heiner Koch ihn 2012 im Amt ablöste und es 2014 an Weihbischof Ansgar Puff übergab.

   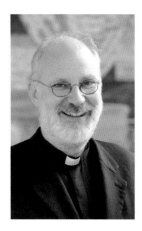

Dr. Winfried Risse,
Diözesan-Caritasdirektor
1995–2005

Dr. Frank Johannes Hensel,
Diözesan-Caritasdirektor,
2005 bis heute

Dr. Heiner Koch,
Vorsitzender 2012–2014

Weihbischof Ansgar Puff,
Vorsitzender 2014 bis heute

GESELLSCHAFTLICHE HERAUSFORDERUNGEN

1. Globalisierung

Wirtschaftskonzerne arbeiten heute auf internationaler Ebene, nationale politische Steuerung wirtschaftlicher Aktivitäten spielt zunehmend eine untergeordnete Rolle. Die grundgesetzlich verankerte soziale Verpflichtung des Eigentums ist angesichts international fließender Kapitalströme und weltweit operierender Konzerne kaum mehr als ein moralischer Appell. Nationalregierungen unterstützen nationale Unternehmen im globalen Wettbewerb und ergreifen

Maßnahmen, um ihren wirtschaftlichen Erfolg auf den internationalen Märkten zu stärken. Unter dem Begriff „Agenda 2010" leitet die Bundesregierung ab 2003 eine Reform der sozialen Sicherungssysteme und der öffentlichen Finanzen ein. Gleichzeitig werden soziale Standards abgebaut, Sozialleistungen pauschaliert und gedeckelt, der Kündigungsschutz gelockert, der Niedriglohnsektor und prekäre Arbeitsverhältnisse verankert, die Parität von Arbeitgebern und Arbeitnehmern in der Heranziehung zu Sozialversicherungen zu Lasten der Arbeitnehmer verändert. Die Wirtschaft, v. a. die großen exportorientierten Unternehmen sind Gewinner der Reform. Der Arbeitnehmer dagegen wird zum „Humankapital" und zur „Manövriermasse" von auf Gewinnmaximierung fixierten Unternehmen. Leistung und Wettbewerb werden zu zentralen Begriffen im Arbeitsleben der Menschen in der modernen Wirtschaftswelt.

Auch Wissen und Zugang zu Informationen sind längst globalisiert. Im World Wide Web sind Daten aller Art global und für jeden in Sekundenschnelle verfügbar. Das Internet wird zum zentralen Medium des Informationsaustausches, der Präsentation und Kommunikation. Riesige Datenbanken entstehen und wer sie nutzen kann, ist im Vorteil. Soziale Netzwerke erweitern oder ersetzen die Face-to-Face-Kommunikation, beschleunigen und entpersonalisieren Kommunikationsprozesse und verknüpfen reale und virtuelle Lebenswelten. Die Chancen der neu entstandenen digitalen Kommunikationskultur werden vielfältig genutzt, die damit verbundenen Risiken sollten aber auch nicht aus den Augen verloren werden.

2. Ökonomisierung des Sozialsektors

Das gesellschaftliche Primat der Ökonomie betrifft auch den Sozialsektor. Soziale Dienstleistungen und Leistungen der Daseinsfürsorge werden nach betriebswirtschaftlichen Prinzipien ausgerichtet und daran gemessen. Die Kostenträger sozialer und pflegerischer Arbeit erwarten nicht nur wie bisher den wirtschaftlichen und sparsamen Umgang mit finanziellen Ressourcen, sondern fordern detaillierte Leistungsbeschreibungen und Dokumentationen, den Nachweis von Effektivität, eine Kosten-Nutzen-Steuerung. Pauschale Zuwendungen werden gekürzt, gedeckelt oder durch Leistungsentgelte ersetzt. Das bisher im stationären Bereich der Betreuung und Pflege übliche Kostendeckungsprinzip mit Spitzabrechnung wird abgeschafft. Weitere betriebswirtschaftliche Steuerungselemente der Kostenträger sind u. a. offene Ausschreibungen sozialer Dienstleistungen, Fallpauschalen, Honorierung nach Fachleistungsstunden. Mit der Einführung des SGB XI „Soziale Pflegeversicherung" am 1. Januar 1995 wird der Vorrang der gemeinnützigen Anbieter erstmals gesetzlich eingeschränkt, sodass privatgewerbliche gewinnorientierte Unternehmen neben den gemeinnützigen Anbietern gleichberechtigt in den Wettbewerb eintreten können. Die Liberalisierung und Vermarktlichung folgt nicht nur im Bereich der Pflege den neuen ökonomischen Maximen.

3. Pluralisierung

Traditionelle Bindungen, Orientierungen und Milieus nehmen ab. Eine Vielfalt von Wertorientierungen und Lebensweisen steht nebeneinander und konkurriert miteinander. Religiöse Bindungen nehmen ebenfalls ab, genau wie die Zahl der getauften Christen in einem wiedervereinigten Deutschland. Auch durch Zuwanderung wächst die kulturelle und religiöse Vielfalt in Deutschland.

Formen des familiären Zusammenlebens ändern sich, neben der klassischen Kleinfamilie stehen immer mehr Familien mit einem alleinerziehenden Elternteil, Patchworkfamilien, Adoptiv- und Pflegefamilien, Familien ohne Trauschein, gleichgeschlechtliche Partnerschaften. Lebensentwürfe von Frauen haben sich geändert. Mehr denn je geht es darum, Beruf und Familie miteinander zu vereinbaren. Je höher das Bildungsniveau von Frauen und die Qualität ihrer beruflichen Tätigkeit ist, desto geringer ist statistisch die Zahl ihrer Kinder. Das Bild von Müttern hat sich gewandelt: Berufstätige sind keine „Rabenmütter", nicht berufstätige Mütter keine „Heimchen am Herd"; individuelle Entscheidungen werden gesellschaftlich respektiert und flankiert. Das neue Selbstbewusstsein von Frauen hat auch Männer bewegt, ihre Rolle in der Familie und in der Gesellschaft neu zu gestalten. Väter und Mütter teilen sich Erziehungsaufgaben und das Familienmanagement, oft verlassen auch Väter zeitlich befristet ihren Arbeitsplatz, um für ihre Kinder da zu sein. Der familiäre Zusammenhalt ist zahlreichen Belastungen ausgesetzt, er wird brüchiger, Trennungen der Ehe- bzw. Lebenspartner werden häufiger, wodurch die generative Aufgabe auf die Probe gestellt wird. Das Heranwachsen der Kinder und die Erziehung der nachwachsenden Generation geschieht unabhängig von der jeweiligen Familienform unter neuen, oft sogar familienfeindlichen Rahmenbedingungen und bedarf der staatlichen Stützung. Somit werden Erziehung und gesunde Entwicklung der Kinder auch zu einer gesellschaftlichen Aufgabe.

Ob es (noch) einen breiten ethischen Wertekonsens in unserer Gesellschaft gibt, ist fraglich. Nicht nur zur Frage des Beginns und damit des Schutzes menschlichen Lebens, sondern auch zur Sterbehilfe gibt es kontroverse Haltungen, ebenso zur Embryonenforschung und Genmanipulation. Diese und andere existenzielle Themen, die früher mit einem gesellschaftlichen Tabu belegt waren, werden offen diskutiert und belegen eine Erosion des Wertekonsenses. Pluralität hat auch Grenzen. Es bedarf eines neuen breiten gesellschaftlichen Diskurses, um Menschenwürde verbindlich neu zu buchstabieren. In diesen Diskurs müssen sich Kirche und Caritas um das Wohl der Menschen willen einbringen und menschengerechte Orientierungen geben.

4. Demografischer Wandel

Seit 1972 ist in Deutschland die Sterberate höher als die Geburtenrate. Durch deutlich rückläufige Geburtenzahlen bei höherer Lebenserwartung verändert sich die Altersstruktur – Deutschland hat eine alternde Gesellschaft. 2013 lag die Quote der über 65-Jährigen im Rheinland je nach Region zwischen 23 und 38 % der Bevölkerung. Dies hat erhebliche Folgen für die künftige Ausgestaltung der Infrastruktur und der Unterstützungsleistungen für alte Menschen. Um die nötige Quantität und Qualität dieser Hilfen abzusichern, braucht es Nachwuchs im Pflegesektor.

Jedoch auch in der familienergänzenden Betreuung, Bildung und Erziehung von Kindern fehlt es zunehmend an Fachkräften, da aufgrund der hohen Erwerbstätigkeit beider Elternteile bzw. der alleinerziehenden Elternteile Kinder oft schon vor ihrem ersten Lebensjahr eine außerfamiliäre Betreuung brauchen. Seit 1996 hat jedes Kind mit Vollendung des dritten Lebensjahres, seit 2013 mit

Vollendung des ersten Lebensjahres einen Rechtsanspruch auf einen Kindertagesstättenplatz bzw. einen Platz in der Kindertagespflege.

Eine aktive Familien- und Demografiepolitik und Zuwanderung mildern die Berufsnachwuchsprobleme ein wenig, lösen sie jedoch nicht, zumal ab 2020 geburtenstarke Jahrgänge aus dem Berufsleben ausscheiden werden.

Gesellschaftspolitisch betrachtet kann eine Konzentration allein auf das Wohlergehen alter Menschen zu Schieflagen in der Generationengerechtigkeit führen und den Zusammenhalt zwischen Jung und Alt belasten. Daher muss eine besondere Aufmerksamkeit auf Sicherung und Verbesserung der Lebenschancen und Lebensperspektiven junger Menschen gelegt werden.

DER DIÖZESAN-CARITASVERBAND IN ZEHN STATIONEN

Diese exemplarisch skizzierten gesellschaftlichen Veränderungsprozesse wirken sich tief auf die Lebenslagen, Lebensrisiken, Lebensgestaltungen der Menschen aus. Die beruflichen Anforderungen an Bildung, Ausbildung, Flexibilität, Mobilität, Funktionalität, Produktivität, Technikaffinität, Leistungsfähigkeit sind deutlich gestiegen und verlangen laufend neue Anpassungen. Immer mehr Menschen können da nicht mithalten, ihren persönlichen, sozialen und beruflichen Alltag nicht mehr angemessen bewältigen und fallen in das oder durch das soziale Netz.

Auf die sich stetig verändernden gesellschaftlichen Verhältnisse muss der Diözesan-Caritasverband daher immer wieder tragfähige und nachhaltige Antworten finden, die die Hilfsangebote absichern und weiterentwickeln.

Die folgenden zehn Stationen geben weder einen umfassenden Überblick über die vielfältigen Veränderungsprozesse des Diözesan-Caritasverbandes in all seinen Arbeitsfeldern noch sind sie als Chronologie angelegt. Sie sind vielmehr Blitzlichter, Kristallisationspunkte, Beispiele, die den ständigen Modernisierungsprozess im Verlauf der Zeit in besonderer Weise widerspiegeln.

1. Reform verbandlicher Strukturen

Der Diözesan-Caritasverband hat eine breit gefächerte Mitgliederstruktur. V. a. Ortscaritasverbände, Fachverbände, caritative Orden sowie caritative Gesellschaften und Vereine bilden die Mitgliedschaft. Natürliche Personen können im Erzbistum Köln nicht Mitglied des Diözesan-Caritasverbandes sein.

Verbandliche Strukturen sind v. a. in den Vereinssatzungen des Diözesan-Caritasverbandes und der Ortscaritasverbände gefasst. Reformbedarfe ergeben sich einerseits durch die notwendige Anpassung von Strukturen eingetragener Vereine (e. V.) an neue markt- und betriebswirtschaftliche Erfordernisse, andererseits aus dem Zwang zu größerer Geschlossenheit, um mit Kraft die gesellschaftspolitische Lobbyarbeit für Benachteiligte und Ausgegrenzte ausüben zu können.

Reform der Vereinssatzung des Diözesan-Caritasverbandes

Unter Leitung des Diözesan-Caritasdirektors Dr. Winfried Risse ändert der Verband im Jahr 2000 seine Satzung, um eine qualifizierte Teilhabe seiner Mitglieder an verbandspolitischen Entscheidungen auf Diözesanebene sicherzustellen. Der bisher vom Erzbischof von Köln berufene Vorstand wird um von Mitgliedern gewählte Vertreter erweitert. Der Diözesan-Caritasrat, in dem bisher nur vom Vorstand berufene Persönlichkeiten mitwirkten, wird zu einem von den Vertretern der Mitglieder gewählten Gremium. Er wird in eine Art Aufsichtsrat des Diözesan-Caritasverbandes umgestaltet und in seinen Entscheidungsbefugnissen gestärkt. Er besitzt die Etathoheit und kontrolliert den Vorstand. Somit wird die vom Vorstand wahrgenommene Führung des „operativen Geschäftes" der Verbandszentrale getrennt von der Aufsicht über diese Geschäfte durch den Diözesan-Caritasrat.

Neuordnung der Zusammenarbeit zwischen dem Diözesan-Caritasverband und seinen Mitgliedern

Um die Beteiligungs- und Mitwirkungsrechte der Mitglieder in der verbands- und fachpolitischen Ausrichtung des Diözesan-Caritasverbandes zu stärken und verbandliche Geschlossenheit herzustellen, wird 2004 eine neue Gremienstruktur für die Zusammenarbeit des

Verbandes mit seinen Mitgliedern geschaffen. In acht zentralen Arbeitsfeldern bilden sich Diözesan-Arbeitsgemeinschaften: Behindertenhilfe; Sucht- und AIDS-Hilfe; Altenhilfe und Pflege; Krankenhäuser; Kinder, Jugend und Familie; Ehrenamt; Soziale und Berufliche Integration; Migration. Hier stimmen sich verantwortliche Fachleute aus dem Diözesan-Caritasverband und im jeweiligen Feld tätige Verbände und Einrichtungen in fachpolitischen Fragen ab und treten damit auch gegenüber der Politik und der bundesweiten Fachwelt auf.

Neu gestaltetes Vereinsrecht für die Ortscaritasverbände

Die Satzungsreform des Diözesan-Caritasverbandes gibt den Anstoß für Strukturveränderungen der Ortscaritasverbände in den Jahren 2003–2006. Auch hier werden die Verantwortung für das operative geschäftliche Handeln und die Aufsicht deutlich getrennt. Einerseits bekommt die Geschäftsführung dadurch einen größeren Handlungsfreiraum, um in veränderten Markt- und Finanzierungssystemen handlungsfähig zu sein, andererseits hat sie ihr Handeln gegenüber dem Caritasrat zu rechtfertigen und zu begründen sowie Jahresabschlüsse und Wirtschaftspläne zur Entscheidung bzw. Entlastung vorzulegen, Lageberichte und Risikoeinschätzungen vorzutragen, externe Wirtschaftsprüfungen nach Weisung des Caritasrates zu veranlassen. Die neuen Regelungen in den Vereinsstatuten der Ortscaritasverbände orientieren sich an den Anforderungen für Kapitalgesellschaften, die von Gesetzes wegen zur Kontrolle und Transparenz (Gesetz zur Kontrolle und Transparenz im Unternehmensbereich, 1998, Transparenz- und Publizitätsgesetz, 2002) verpflichtet sind, aber auch am Deutschen Corporate Governance Kodex, der seit 2001 Regeln für eine gute und angemessene Unternehmensführung formuliert und regelmäßig fortschreibt. Obwohl die neuen Satzungen der Ortscaritasverbände GmbH-nah ausgerichtet sind, bleibt die Vereinsform die weitergeltende Rechtsform, weil sie als besonders geeignet betrachtet wird, um

- in hohem Maße gemeinnützige und ideelle Ziele sicherzustellen,
- Ehrenamtliche besser einzubinden und
- caritative Aktivitäten in den kirchlichen Verkündigungsauftrag einzuordnen.

2. Erschließung neuer Finanzquellen

Pauschalisierung, Deckelung und Reduzierung staatlicher und kirchlicher Zuwendungen bei wachsenden sozialen Nöten stellen nicht nur eine besondere Herausforderung für den nachhaltigen Einsatz vorhandener finanzieller Mittel, sondern auch zur Erschließung neuer Finanzierungsquellen dar. Zusätzliche Einnahmen werden gebraucht, um eine der Caritas angemessene Qualität von sozialer Arbeit sicherzustellen, aber auch um Innovationen und Projekte zu fördern. Dazu baut der Diözesan-Caritasverband seit Jahrzehnten sein Fördermanagement aus.

EU-Förderungen

Schon früh hat der Diözesan-Caritasverband die Bedeutung der Europäischen Union nicht nur für den Wirtschaftsmarkt, sondern auch für Modellvorhaben im sozialen Bereich erkannt. Europäische Sozialfonds, Bildungs- und Integrationsprogramme werden für die caritative Arbeit im Erzbistum Köln erschlossen. Die Pionierarbeit des Verbandes findet u. a. Anerkennung beim Deutschen Caritasverband, der auf Bestreben des Diözesan-Caritasverbandes 1992 erstmalig einen Fachausschuss Europa einrichtet. Folgerichtig wird der Kölner Diözesan-Caritasdirektor Dr. Alfred Dünner erster Vorsitzender des neuen Bundesgremiums der Caritas, das wesentlich zu einer europäischen Neuausrichtung des Deutschen Caritasverbandes führte.

CaritasStiftung

Einen Meilenstein stellt die 1999 erfolgte Gründung der Caritas-Stiftung im Erzbistum Köln dar. Diese neue Stiftung soll Menschen erreichen, die sich mit ihrem Vermögen als Stifter für andere einsetzen. Vergleicht man das ursprüngliche Stiftungskapital von 300.000 Euro mit dem im Jahr 2015 aktuellen Stand von rund 25 Mio. Euro, erkennt man den Erfolg des Fundraisings und Sozialmarketings. Im Jahr 2015 können 586.000 Euro an Projektförderungen vergeben werden. Insgesamt sind seit der Gründung der Stiftung bis 2015 fast 450 Projekte mit rund 4 Mio. Euro gefördert worden. Diese Mittel fließen besonders in die in der Stiftungssatzung festgelegten Schwerpunkte der Bekämpfung der Armut, der Stärkung von Jugend und Familie und der Integration von am Rande der Gesellschaft lebenden Menschen. Ein Kuratorium, zusammengesetzt aus Persönlichkeiten aus dem verbandlichen, kirchlichen und gesellschaftlichen Leben, entscheidet über die Projektanträge; ein nebenamtlicher Vorstand führt die Geschäfte. Die CaritasStiftung verleiht jährlich seit 2001 den bereits 1996 vom Diözesan-Caritasverband gestifteten Kölner Elisabeth-Preis für herausragende soziale Projekte und Aktivitäten im Erzbistum Köln.

Unabhängig von der CaritasStiftung unterstützt der Diözesan-Caritasverband seine Mitglieder beim Aufbau eines eigenen Fundraisingsystems und bietet Stiftungsrecherchen über eine Stiftungsdatenbank an.

Ehe- und Familienfonds

Eine besondere Fördermöglichkeit bietet der Ehe- und Familienfonds des Erzbistums Köln, dessen Geschäftsführung dem Diözesan-Caritasverband obliegt. Für diesen Fonds hat der Kölner Erzbischof Joachim Kardinal Meisner im Jahr 2006 7 Mio. Euro zur Verfügung gestellt, um innovative und nicht anderweitig finanzierbare Projekte zum Wohl von Kindern und Familien zu fördern. Die Kapitalerträge, 2015 ca. 300.000 Euro, fließen in die pastorale und caritative Familienarbeit im Erzbistum Köln. Das breite Förderspektrum reicht von Projekten der Familien- und Ehepastoral bis zur Finanzierung von Familienhebammen für belastete junge Familien, Inklusion von Kindern mit Behinderung, Frühe Hilfen für Risikofamilien und Hilfen für Kinder suchtkranker und psychisch kranker Eltern.

Aktion Lichtblicke

Nicht unerwähnt bleiben soll die Aktion Lichtblicke der Lokalradios in NRW und Radio NRW, der fünf Diözesan-Caritasverbände in NRW und dem Diakonischen Werk Rheinland-Westfalen-Lippe. Das Anliegen der 1998 gegründeten Aktion ist die unbürokratische Unterstützung von Kindern, Jugendlichen und Familien, die materiell, finanziell und seelisch in Not geraten sind. Mit Spenden der Radiohörer konnten z. B. im Spendenjahr 2013/14 ca. 3,4 Mio. Euro an Hilfsbedürftige und für Leuchtturmprojekte ausbezahlt werden. Der Vorsitz und die Geschäftsführung der Aktion liegen zurzeit beim Kölner Diözesan-Caritasdirektor Dr. Frank Johannes Hensel.

3. Sicherung des Fachkräftenachwuchses

Angesichts der Geburtenrückgänge und der damit reduzierten Anzahl von Berufseinsteigern im sozialen und pflegerischen Bereich
reicht die traditionelle berufliche Nachwuchswerbung etwa über
Ausbildungsmessen und Stellenbörsen nicht mehr aus. Daher hat
der Diözesan-Caritasverband mit seinen Mitgliedern Strategien und
Projekte zur Personalgewinnung entwickelt und Maßnahmen zur
Steigerung des Interesses junger Menschen für soziale und pflegerische Berufe ergriffen.

Das Projekt „Shaper"

Eine große Bedeutung kommt aufgrund seiner Intensität und Kom-
plexität dem Projekt „Shaper" (Strategisch orientierte Handlungs-
empfehlungen gezielter Personalentwicklung für stationäre und
ambulante Altenpflege, Krankenhäuser, Kinder- und Jugendhilfe)
zu. Es wird ein umfassender Maßnahmenkatalog zur Personalgewinnung entwickelt. Herausgestellt wird, dass ein künftiger Ar-
beitgeber als attraktiv empfunden wird, wenn er seine Pluspunkte
besonders hinsichtlich Führungskultur, Entfaltungsmöglichkeiten,
Einkommen, Aufstieg, Fortbildung, Kollegialität, Vereinbarkeit von
Familie und Beruf kommuniziert.

Das Projekt „MAIK"

Mit dem Projekt „MAIK" (= Männer arbeiten in Kindertageseinrichtungen) will der Diözesan-Caritasverband Männer für den eher
frauentypischen Erzieherberuf gewinnen. Mit Förderung des Bun-
desfamilienministeriums und des Europäischen Sozialfonds soll das
Projekt zwischen 2010 und 2013 die „Männerquote" in Kindertageseinrichtungen deutlich steigern. Der Anteil männlicher Erzieher
in den katholischen Kindertageseinrichtungen im Erzbistum Köln
liegt bei ca. 2 % und ist nach wie vor nicht nur wegen des Fachkräftemangels, sondern auch aus pädagogischer Perspektive ausbaufähig.

Das Projekt „Die Zukunft der Pflege ist bunt"

Die Pflege spricht zur Nachwuchsgewinnung mit ihrem EU-ge-
förderten Projekt „XENOS – die Zukunft der Pflege ist bunt" von
2012–2015 besonders zugewanderte Pflege- und Betreuungskräfte
aus EU und Drittstaaten sowie arbeitsuchende Migrantinnen an.

Das Konzept fördert zudem gesellschaftliche Integration und die Vielfalt beruflicher Teams. Mit dezentral angesiedelten interkulturellen Fachstellen für Pflegeberufe hat die Caritas im Erzbistum Köln 750 Menschen mit Migrationshintergrund über Pflegeberufe beraten, 120 davon in den Arbeitsmarkt, 80 in Ausbildung und 380 in Praktika vermittelt.

Vom „Zivi" zum „Bufdi"

Manchmal kann Nachwuchsgewinnung auch ein Nebeneffekt anderer Maßnahmen/Aktionen sein. So haben sich manche Zivildienstleistende oder Teilnehmerinnen und Teilnehmer am Freiwilligen Sozialen Jahr nach ihren sozialen oder pflegerischen Praxiserfahrungen auch beruflich entsprechend orientiert. Mit der Aussetzung der Wehrpflicht im Jahr 2011 und dem Wegfall des Zivildienstes wurde der Kulturwandel vom verpflichtenden Dienst zum Bundesfreiwilligendienst in der Caritas im Erzbistum Köln gemeistert. Gemeinsam mit dem Freiwilligen Sozialen Jahr bildet er eine Orientierungs- und Bildungszeit, die sich viele junge Menschen und auch über 27-Jährige nehmen. Der Verein „Freiwillige soziale Dienste im Erzbistum Köln e. V." (FSD) ist Bildungsträger für das Freiwillige Soziale Jahr (FSJ) und den Bundesfreiwilligendienst (BFD); er vermittelt Interessierten Plätze für das Freiwillige Soziale Jahr (FSJ) und den Bundesfreiwilligendienst (BFD) im Erzbistum Köln, organisiert die gesetzlich vorgeschriebenen Bildungsseminare und ist Ansprechpartner für die Freiwilligen und die Einsatzstellen. Über 1.000 Freiwillige machen im Jahr 2016 mit dem FSD als Bildungsträger einen Freiwilligendienst im Erzbistum Köln.

„youngcaritas"

Mit Vorbildern in der Schweiz und in Österreich holt der Deutsche Caritasverband das Konzept der „youngcaritas" 2011 nach Deutschland. „youngcaritas" will das Interesse junger Menschen an der Caritas und am sozialen Engagement wecken, ohne ausdrücklich ein Instrument der Personalakquise zu sein. Neuartig ist der Ansatz, die Ausgestaltung den einzelnen Diözesan-Caritasverbänden zu überlassen, statt eine Strategie vorzugeben. So entwickelt die „youngcaritas" im Erzbistum Köln die Online-Plattform „www.jetzt-du.com", auf der junge Menschen und Einrichtungen ihre Gesuche und Angebote für soziales Engagement in ihrem Umfeld einstellen können. Die „youngcaritas" im Erzbistum Köln ist eng vernetzt mit den „youngcaritas"-Standorten der anderen Diözesanverbände in NRW. So wurde im Jahr 2015 gemeinsam das „Refugees Welcome Lab" in Bochum veranstaltet. Mehr als 70 junge Menschen aus ganz Deutschland trafen sich vier Tage lang, um gemeinsam zum Thema „Flucht und Asyl" zu arbeiten, zu diskutieren und praktische Erfahrungen zu sammeln.

4. Qualität, Transparenz, Mitbestimmung

Damit Markt- und Preiswettbewerb nicht zur Reduzierung von Leistungsstandards und somit zum Nachteil von Hilfe-, Beratungs- und Pflegebedürftigen werden, entwickelt der Diözesan-Caritasverband mit seinen Mitgliedern Qualitätsmaßstäbe für Strukturen, Prozesse und Ergebnisse sozialer und pflegerischer Arbeit. Regeln fachlichen Könnens werden formuliert, Kriterien für Wirksamkeit entwickelt, qualifizierte Partizipation der Klienten/Patienten ermöglicht und Transparenz hergestellt. Es gibt keinen Arbeitsbereich in der Caritas, in dem Qualitätsentwicklung keine Rolle spielt, daher können auch hier nur Beispiele vorgestellt werden. In fast allen Arbeitsfeldern verlangen die Kostenträger und/oder gesetzliche Vorschriften die Implementation und den Nachweis der Qualitätssicherung.

Qualitätssicherung im Kindertagesstättenbereich

Qualitätsdebatten im Bereich der Kindertageseinrichtungen – im Spannungsfeld unterschiedlicher Interessen – gibt es bereits seit den 1990er-Jahren. Die 1996 erfolgte Einführung eines Rechtsanspruchs auf einen Kindergartenplatz für jedes Kind ab dem dritten Lebensjahr löst in der Kindertagesbetreuung enorme Bemühungen um Qualitätsmanagement aus, stark geprägt von der Hoffnung der öffentlichen Geldgeber, vor dem Hintergrund knapper werdender Ressourcen, die Dienstleistung im Bereich der Kindertagesbetreuung effizienter und gleichzeitig auch besser gestalten zu können. Ende der 1990er-Jahre verschärft Trägerkonkurrenz parallel mit der Rückläufigkeit der Geburtenzahlen die Qualitätsdebatten erneut – jetzt aus dem Blickwinkel der Profilierung von Einrichtungen zur Stärkung der Wettbewerbsfähigkeit. Seit Inkrafttreten des Bundeskinderschutzgesetzes im Jahr 2012 stehen die Sicherung der Rechte von Kindern und deren Schutz vor Gewalt in Einrichtungen stark im Fokus der Qualitätsbemühungen, da sie Relevanz für die Erteilung der Betriebserlaubnisse durch die Landesjugendämter haben. Zugleich sorgt der aktuelle quantitative Ausbau der Plätze für Kinder unter drei Jahren wieder für eine verstärkte Qualitätsdiskussion auch auf Bundesebene.

Diese Entwicklungen und Debatten verfolgt auch der Diözesan-Caritasverband seit den 1990er-Jahren. Er hat sich von Anfang an mit der Tauglichkeit der unterschiedlichen Konzepte und Systeme für die angeschlossenen Kindertagesstättenträger auseinandergesetzt. In Fortbildungen, Konferenzen und durch die Entwicklung von Arbeitshilfen sowie mit Durchführung von Projekten zur Einführung von Qualitätsmanagement wird das Thema der Praxis nähergebracht und die Beteiligten für einen solchen Prozess motiviert. Im Wesentlichen ging und geht es darum, die fachliche Arbeit zum Wohl der Kinder und Familien weiterzuentwickeln und zu verbessern. Hier sind beispielsweise die sozialräumliche Vernetzung mit anderen familienunterstützenden Diensten sowie erweiterte Bildungs- und Beratungsangebote im Zuge der Weiterentwicklung zu Familienzentren zu nennen. Ein flächendeckendes örtliches und niedrigschwelliges Unterstützungsangebot für junge Familien wird von 2006–2011 mit dem Projekt „Katholische Familienzentren" entwickelt. Ein Konzept des Landes NRW wird im Erzbistum Köln aufgegriffen, quantitativ erweitert und mit einem eigenen Profil qualitativ weiterentwickelt. Heute sind alle ca. 620 katholischen Kindertageseinrichtungen Teil eines katholischen Familienzentrums.

Qualitätssicherung im Altenhilfebereich

2012 hat der Diözesan-Caritasverband das Projekt EQisA (Ergebnisqualität in der stationären Altenhilfe) auf den Weg gebracht. Mit wissenschaftlicher Unterstützung der Universität Bielefeld wird ein Konzept zur indikatorengestützten Erfassung und Beurteilung der Ergebnisqualität in Altenhilfeeinrichtungen entwickelt. Ziel ist es, die Wirksamkeit von Pflege- und Betreuungsmaßnahmen anders als mit den bisherigen „Pflegenoten" zu ermitteln und zu vergleichen. Bewertet wird beispielsweise, wie gut es gelingt, die Mobilität und die Selbstständigkeit von Bewohnern zu erhalten und sie vor Ge-

fährdungen zu schützen, unabhängig von der Struktur- und Prozess-
qualität der Einrichtung. Bundesweit beteiligen sich inzwischen 229
Pflegeeinrichtungen mit mehr als 21.000 Bewohnern am EQisA-
Projekt.

Wahrung der Kinderrechte in Heimen der Erziehungshilfe

Kinder und Jugendliche, die außerhalb ihrer Familien in Einrichtungen
der Erziehungshilfe leben, haben einen gesetzlichen Anspruch, bei
allen Fragen, die sie betreffen, entsprechend ihres Alters und Ent-
wicklungsstandes beteiligt zu werden. Beteiligungs- und Beschwer-
deverfahren sind im Einrichtungskonzept zu verankern und bilden
Voraussetzungen für die staatliche Betriebserlaubnis und für die
Leistungs- und Entgeltvereinbarungen mit den kommunalen Kosten-
trägern. Das 2012 in Kraft getretene Bundeskinderschutzgesetz
bestärkt die Rechte junger Menschen.

Der Diözesan-Caritasverband beteiligt sich 2011 an der Gründung
des Vereins „Ombudschaft Jugendhilfe in NRW" der Landesarbeitsgemeinschaft der Freien Wohlfahrtspflege NRW, die mit einem Netz
von ehrenamtlichen Ombudsleuten als Anlaufstellen für Beschwerden
von Kindern und Jugendlichen fungieren und ihnen bei der Durch-
setzung ihrer Rechte helfen. Ein Beschwerdemanagement, zum Teil
mit externen unabhängigen Ansprechpartnern, gehört inzwischen
zum Qualitätsstandard jeder Einrichtung der Erziehungshilfe im
Erzbistum Köln. Die Präventionsordnung zum Schutz vor sexueller
Gewalt verpflichtet seit 2010 alle Einrichtungen und Dienste des
Erzbistums Köln, die Kontakt zu Kindern und Jugendlichen haben,
Schutzkonzepte zu entwickeln und umzusetzen.

Schmerzlich ist, dass die selbstverständlichen Rechte auf Selbst-
und Mitbestimmung, auf Respekt von Individualität und Intimität
in Einrichtungen der Erziehungs- und Behindertenhilfe auch der
Caritas im Erzbistum in den 50er-, 60er- und 70er-Jahren missachtet
wurden. Eine Reihe ehemaliger Heimkinder beklagt seit Jahren
öffentlich das ihnen während ihres Heimaufenthaltes zugefügte Leid.
Die erfahrenen körperlichen und seelischen Verletzungen begleiten
und traumatisieren sie ihr Leben lang. 2009 richtet der Deutsche
Bundestag zur Aufarbeitung der früheren Geschehnisse in den Kin-

derheimen einen „Runden Tisch Heimerziehung" ein, ab 2012 werden in den Bundesländern, bei der Deutschen Bischofskonferenz und in den Bistümern Anlaufstellen und Hotlines geschaffen, um misshandelten Heimkindern psychosoziale Hilfen und materielle Entschädigungen zu gewähren.

Deutlich schwerer haben es ehemalige Heimkinder der Behindertenhilfe und der Psychiatrien, denen Unrecht widerfahren ist, öffentliche Anerkennung und Unterstützung zu erhalten. Erst 2016 ist nicht zuletzt durch die Initiative des Bundesverbandes Caritas Behindertenhilfe und Psychiatrie und der Kommission für caritative Fragen der Deutschen Bischofskonferenz ein Entschädigungsfonds für Opfer dieser Einrichtungen auf den Weg gebracht und politisch beschlossen worden. Dieser bischöflichen Kommission gehören aus dem Erzbistum Köln Erzbischof Rainer Maria Kardinal Woelki als Vorsitzender und Weihbischof Ansgar Puff als Mitglied an. Weihbischof Ansgar Puff ist in der Nachfolge von Weihbischof Heiner Koch, jetzt Erzbischof in Berlin, als Bischofvikar für die Armen und die Caritas seit 2014 auch Vorsitzender des Diözesan-Caritasverbandes.

5. Entwicklung eines neuen Ehrenamtsverständnisses

Ehrenamtliche können die Reduzierung professioneller (und bezahlter) Arbeit im Sozialbereich nicht kompensieren – und sie sollen es auch nicht. Ehrenamtliche bereichern durch ihre spezifische Kompetenz, ihre Biografie und ihre Erfahrungen, ihren Freiraum die soziale und pflegerische Arbeit. Die großen Freiwilligensurveys der Bundesregierung machen seit 1999 deutlich, wie viele und welche Menschen sich in welchem Umfang und mit welcher Motivation freiwillig in den verschiedenen Sektoren des sozialen Lebens engagieren und die Lebensqualität der Gesellschaft mitgestalten. Das ehrenamtliche Engagement in Deutschland ist von 1999 von 34 % der Menschen auf 43,6 % im Jahr 2014 gestiegen. Aktuelle Herausforderungen liegen in der Begleitung und Unterstützung von Flüchtlingen. Ohne das ehrenamtliche Engagement vieler Bürger wäre eine menschenwürdige Betreuung und Begleitung der vielen Kriegs- und Armutsflüchtlinge, die in Deutschland Zuflucht suchen, nicht möglich.

Erforschung von Laienkompetenz

Um zu analysieren, was den Wert des freiwilligen Engagements konkret ausmacht, welche Wirkung freiwilliges Engagement hat, welche Bedingungen Freiwillige für ihre Entfaltung brauchen und welchen ökonomischen Vorteil die Investition in den Ehrenamtssektor für Verbände und Einrichtungen haben kann, führt der Diözesan-Caritasverband 2003, 2006 und 2009 drei Sommeruniversitäten mit wissenschaftlichen Experten, Studierenden und Praktikanten durch. Parallel dazu veranlasst der Verband 2008 gemeinsam mit der Universität Dresden eine große Qualitative Wirkungsstudie, die v. a. darstellt, was ehrenamtliches Engagement bei Rat- und Hilfesuchenden bewirkt. Die Einbindung von Laienkompetenz sorgt oft dafür, dass Hilfen gesucht, vermittelt und angenommen werden. Ihr persönlicher Kontakt zu den Hilfesuchenden bewirkt, dass Hilfen alltagstauglicher werden, dadurch nachhaltiger wirken und Verbesserungen der Lebenslagen sich kontinuierlich einstellen. Allein schon eine regelmäßige Begegnung und eine „Zeitspende" eines Menschen für einen anderen in schwieriger Lebenssituation bewirkt positive Veränderungen, steigert das Selbstwertgefühl und die Lebenszufriedenheit.

Internetportal und neue Projekte für das Ehrenamt

2002 schafft der Diözesan-Caritasverband ein Internetportal für das Ehrenamt, um interessierten Menschen die Möglichkeit zu eröffnen, eine für sie passende ehrenamtliche Tätigkeit zu finden. Im selben Jahr starten an sieben Orten im Erzbistum auch die sozialräumlichen Projekte, die Menschen in Not in ihrem Alltag, in ihrem Wohnviertel vielfältige und passgenaue Hilfsangebote unterbreiten oder vermitteln sollen. Die Gemeindepastoral hat diesen Ansatz aufgegriffen, sodass heute Caritas und Seelsorge zunehmend im Lebensumfeld der Menschen verankert ist.

Im Projekt „Lotsenpunkt", das seit 2013 an 16 Standorten im Erzbistum Köln erprobt wird, werden lokale Anlaufstellen für soziale Fragen in Zusammenarbeit von Caritas und Seelsorge aufgebaut und soziale alltagstaugliche Netzwerke geknüpft. Die Erfahrungen aus diesem Projekt sollen an weiteren Gründungen von Lotsenpunkten genutzt werden.

6. Nutzung des Internets für (psycho-)soziale Beratung

Immer mehr Menschen nutzen das Internet zu ihrer Information, aber auch zur Kommunikation. Diesem Trend folgend entwickelt der Diözesan-Caritasverband seit 2002 die ersten Onlineberatungsstellenportale und leistet damit Pionierarbeit nicht nur in der Caritas, sondern in der Freien Wohlfahrtspflege Deutschlands. Zunächst bieten die 16 Erziehungsberatungsstellen im Erzbistum Köln unter dem Motto „Beratung auf den ersten Klick" Beratung per Internet an, später folgen esperanza, das Beratungs- und Hilfenetz vor, während und nach einer Schwangerschaft, die Suchtberatung, die Jugendberatung, die Aids-Beratung, die Schuldnerberatung, die Allgemeine Sozialberatung, die Adoptionsberatung und die Kurberatung. Die Onlineportale enthalten vielfältige Informationen sowohl für Ratsuchende als auch für Fachkräfte und werden ständig aktualisiert. Die individuelle Beratung erfolgt über geschützte E-Mail-Verbindungen, auf Wunsch auch anonym. 2015 beteiligen sich 122 unterschiedliche Beratungsstellen im Erzbistum Köln an der Onlineberatung. Das Internetportal verzeichnet zwischen 8.000 und 10.000 Besucher im Monat. Der Onlinezugang zu den Beratungsdiensten ist niedrigschwellig, berücksichtigt die veränderte Kommunikationskultur v. a. der jüngeren Generation und erschließt neue Zielgruppen, die sich zunächst vor der Face-to-Face-Beratung scheuen. Grundsätzlich ersetzt die Onlineberatung im Beratungswesen der Caritas die persönliche dialogische Beratung nicht, sie öffnet aber Türen, ergänzt und erweitert sie.

7. Stärkung der Familie

Die Familie ist der Ort, an dem Entwicklung gefördert, Geborgenheit vermittelt, Liebe gelebt, Gemeinschaft erfahren werden kann. Die Stützung der Familie ist als zentrale Aufgabe des Diözesan-Caritasverbandes in seinem Leitbild verankert.

Beziehungs- und Erziehungsleistungen der Familie brauchen angesichts der Erosion von Beziehungsgeflechten und der Zunahme von Erziehungsproblemen immer häufiger externe Beratung, Begleitung, Unterstützung, damit Kindern ein unbeschwertes Aufwachsen, eine gesunde Entwicklung und ein Hineinwachsen in persönliche und soziale Verantwortung ermöglicht wird.

Auseinandersetzung um die katholischen Schwangerschaftskonfliktberatungsstellen

Kinder genießen nach kirchlichem Verständnis den Schutz ihrer Lebensrechte auch vorgeburtlich von Anfang an. Daher engagiert sich der Diözesan-Caritasverband gleichsam im Schutz des ungeborenen Lebens, indem er mit seinen Mitgliedern eine flächendeckende Beratung und Unterstützung von schwangeren Frauen v. a. in belastenden Lebenslagen sicherstellt. Seit der Reform der §§ 218 und 219 des Strafgesetzbuches im Jahr 1976, nach der ein Schwangerschaftsabbruch u. a. auch bei einer sozialen Indikation innerhalb einer Zwölf-Wochen-Frist straffrei bleibt, wenn die Schwangere die Teilnahme an einer Schwangerschaftskonfliktberatung nachweisen kann, gibt es kontroverse Diskussionen darüber, ob katholische Schwangerschaftsberatungsstellen diese Beratungsnachweise ausstellen und damit Teil des gesetzlich geforderten Beratungssystems sein sollen.

Zunächst ordnen sich die katholischen Schwangerschaftsberatungsstellen (mit Ausnahme des Bistums Fulda) in dieses gesetzliche System ein, wobei die Unterstützung der Schwangeren bei der Lösung ihrer sozialen Probleme im Mittelpunkt steht. Da der nach der Beratung zu erteilende Beratungsnachweis grundsätzlich auch das Tor zur Abtreibung öffnet, gibt es im Jahr 2000 die vom Kölner Erzbischof Joachim Kardinal Meisner getroffene Entscheidung zum Ausstieg aus dem gesetzlichen Beratungssystem. Diese Entscheidung basiert auf Anweisungen aus einem päpstlichen Schreiben von 1999 an die Deutsche Bischofskonferenz und einer vom Kölner Erzbischof erbetenen nachträglichen Klarstellung des Papstes, dass eine weitere Beratung nach §§ 5 ff des Schwangeren- und Familienhilfegesetzes im kirchlichen Kontext nicht mehr möglich sei. Der Ausstieg aus dem gesetzlichen Beratungssystem führt zu vielen Diskussionen. Letztlich muss auch der Vorstand des Diözesan-Caritasverbandes unter seinem Vorsitzenden Dr. Norbert Feldhoff, langjähriger Generalvikar des Erzbischofs von Köln und später Dompropst am Hohen Dom zu Köln, die Entscheidung des Erzbischofs respektieren. Das Land NRW stellt daraufhin seine Förderung der katholischen Schwangerschaftsberatungsstellen ein, muss nach einem Rechtsstreit jedoch 2006 einen Förderbetrag nachzahlen und eine leicht reduzierte staatliche Förderung weitergewähren. Von den Beraterinnen und den Beratungsstellen wird der Ausstieg sehr bedauert, einige Fachkräfte wandern z. B. zu den sich neu gründenden Beratungsstellen von Donum vitae ab, die meisten bleiben und arbeiten an einem neuen Profil der katholischen Schwangerschaftsberatung im Erzbistum Köln mit. Der neue Markenname „esperanza – Beratungs- und Hilfenetz vor, während und nach einer Schwangerschaft" wird kreiert und mit Leben gefüllt. Der durch den deutlichen Rückgang der Anzahl von Konfliktberatungen gewonnene Freiraum wird genutzt, um neue familienbezogene Projekte zu entwickeln. So wird 2001 das Modellprojekt „Familien brauchen Väter – Stärkung väterlicher Kompetenz im Kontext von Schwangerschaft und Geburt" aufgelegt und männliche Väterberater ergänzen seitdem flächendeckend die Beratungsteams von esperanza.

Weitere Projekte zur Beratung im Kontext von Pränataldiagnostik (2003) und zur Sexualerziehung folgen. Erzbischof Joachim Kardinal Meisner unterstützt den neuen Weg von esperanza. Das Beratungs- und Hilfenetz wird nicht nur von kirchlichen Sparmaßnahmen ausgenommen, sondern erhält darüber hinaus auch zusätzliche Mittel, um Schwangere in finanziellen Nöten zu unterstützen. Zudem stellt das Erzbistum die Nachzahlung des Landes in Höhe von fast 7 Mio. Euro gänzlich einem neuen Ehe- und Familienfonds zur Förderung innovativer sozialer und pastoraler Projekte zum Wohl von Kindern und Familie zur Verfügung.

8. Initiativen gegen Ursachen und Folgen materieller Armut

Ihrem kirchlichen Auftrag folgend steht die Caritas auf Seiten der Armen und gibt diesen eine Stimme. Der Diözesan-Caritasverband befasst sich mit Ursachen und Folgen von Armut und entwickelt Konzepte zur Veränderung der Situation. Von Armut besonders betroffen sind Arbeitslose, Alleinerziehende, Migranten, Geringqualifizierte und Kinder. Auch die Armut alter Menschen nimmt deutlich zu. Sowohl der Bundestag wie auch das Land NRW geben in regelmäßigen Abständen Sozialberichte als „Reichtums- und Armutsberichte" heraus, sodass das Wissen um Ursachen und Folgen von Armut im politischen und gesellschaftlichen Raum hinreichend bekannt sind. Dennoch wird die Kluft zwischen Arm und Reich immer breiter und tiefer, die Verarmungstendenz wird nicht gestoppt. Der

Sozialbericht 2016 des Landes NRW bezeichnet 2,8 Mio. Menschen als einkommensarm, damit ist die Armutsquote von 14,7 % im Jahr 2010 auf 16,2 % im Jahr 2014 gestiegen. Dass es sich um einen bundesweiten Trend handelt, belegt der 5. Sozialbericht 2016 des Bundes, wenn er berichtet, dass der Working Poor Anteil von 39,2 % im Jahr 2006 auf 42,8 % im Jahr 2014 gestiegen ist. In NRW lebt jedes fünfte Kind in einem einkommensarmen Haushalt.

Die Ursachen für Einkommensarmut sind vielfältig. Kein Schulabschluss, aber auch Trennungen oder der Tod eines Partners führen zu Lebenssituationen, die durch Armut gekennzeichnet sind. Zu niedrige Löhne und nicht bedarfsgerechte Regelsätze – insbesondere bei Kindern – tragen zu Verarmung und Ausgrenzung bei. Die im Jahr 2005 eingeführte Hartz-IV-Gesetzgebung markiert einen Wendepunkt in der Sozialpolitik der Bundesrepublik Deutschland, die die Sicherung des Existenzminimums aufweicht. Einkommensarmut führt zur Randständigkeit und Ausgrenzung im wirtschaftlichen, gesellschaftlichen und kulturellen Leben. Für Kinder bedeutet Armut eine drastische Reduktion von Bildungschancen und sozialen Kontakten.

Das Projekt „ZAC"

Der Diözesan-Caritasverband betreibt einerseits politische Lobbyarbeit zur Verbesserung der Lebenslagen von armen Menschen, andererseits arbeitet er daran, seine Mitgliedereinrichtungen mit ihren Hilfeangeboten „armutsfest" zu machen. Im Projekt „ZAC" werden von 2008–2010 Zugangswege von Armen zu Angeboten der Caritas unter die Lupe genommen. Im Projektverlauf offenbaren sich unterschiedliche Zugangsbarrieren – von der Wohnortferne bis zu elaborierter Beratersprache und komplizierten Refinanzierungsregelungen. Die Befunde der Untersuchung und Verbesserungsvorschläge für verschiedene Hilfeangebote sind mit den teilnehmenden Mitgliedsverbänden erörtert und in einem Maßnahmenkatalog zum Abbau von Zugangshürden dokumentiert. Dennoch kann v. a. aus finanziellen Gründen der notwendige niedrigschwelligste Dienst, die Allgemeine Sozialberatung, nicht in allen Regionen des Erzbistums verankert werden.

Politische Lobbyarbeit gegen Armut und Ausgrenzung

Aktuell beteiligt sich der Diözesan-Caritasverband am Projekt der Landesarbeitsgemeinschaft der Freien Wohlfahrtspflege NRW „Schritt für Schritt Brücken bauen". Geschulte Lotsen, die selbst schon einmal die Erfahrung von Arbeitslosigkeit gemacht haben, beraten und begleiten Einzelpersonen und Familien, die von Arbeitslosigkeit betroffen sind, stärken ihre Selbsthilfekräfte und unterstützen neue Wege zur sozialen Teilhabe.

Politisch engagiert sich der Diözesan-Caritasverband mit verschiedenen Kampagnen an der Armutsbekämpfung. In den Wahljahren 2009 (Europa, Bundestag) und 2010 (Landtag NRW) fordert die Caritas die Politik auf „Lasst keinen sitzen! – Demokratie wahrmachen". Dabei nutzen örtliche Mitgliedsverbände zentral hergestellte Medien und den Aktionsleitfaden, um mit Politikern vor Ort über Armut und Ausgrenzung ins Gespräch zu kommen.

Im Herbst 2009 laden die fünf Diözesan-Caritasverbände in NRW Landtagsabgeordnete zu einem parlamentarischen Abend unter die Rheinknie-Brücke in Düsseldorf ein, wo sie bei Brot, Suppe und Wasser mit obdachlosen Menschen Gespräche führen können. Diese Begegnung hinterlässt tiefe Spuren bei beiden Gruppen, mancher Abgeordnete führt zum ersten Mal ein Gespräch mit einem obdachlosen Menschen und kann erfahren, welche Lebensumstände zur Obdachlosigkeit führen und mit welchen Problemen Obdachlose täglich zu kämpfen haben.

2010 lädt der Diözesan-Caritasverband Landtagsabgeordnete seiner Region unter dem Motto „Sozialtag für den Landtag" ein, einen Tag in einer sozialen Einrichtung zu arbeiten. Von 58 eingeladenen Parlamentariern nutzen 21 die Gelegenheit, z. B. in einem Altenheim, in einer offenen Ganztagsschule, in der Familienpflege, in der Hausaufgabenbetreuung für Migrantenkinder Erfahrungen zu sammeln und Kontakte zu knüpfen.

Die vom Diözesan-Caritasverband entwickelte Aktion „StandPunkte" konfrontiert Verwaltung und Politik 2007 mit den Schwierigkeiten junger Menschen und fordert Verbesserung der Lebens- und

Bildungschancen ein. Es wird deutlich, dass gelegentlich vor Ort Kommunen aus Sparzwängen gesetzliche Auflagen umgehen und jungen Menschen Leistungen versagen. Auch die Finanzierung der Offenen Ganztagsschule in NRW über unzureichende Landespauschalen wird thematisiert und kritisiert. Über viele Kanäle, Organisationen, Bündnisse und Allianzen wird das Armutsthema in Politik und Gesellschaft getragen. Dabei nutzt der Diözesan-Caritasverband auch bundesweite Einflussmöglichkeiten, z. B. über die Nationale Armutskonferenz, deren Vorsitzender seit 2015 Diözesan-Caritasdirektor Dr. Frank Johannes Hensel ist.

9. Migration und Integration

Noch bis in die 1990er-Jahre sind die Angebote für Einheimische und Zugewanderte strikt getrennt. Es gibt eigenständige Beratungsdienste für Aussiedler, Flüchtlinge und v. a. für ausländische Arbeitnehmer. Muttersprachliche Sozialberatung ist Bestandteil der Anwerbeabkommen für sog. „Gastarbeiter" aus Italien, Spanien, Portugal, Ex-Jugoslawien, Griechenland und den Maghreb-Staaten. Die Caritas hat dies für ausländische Arbeitnehmer aus den traditionell katholisch geprägten Herkunftsländern übernommen. Die Sozialberater stammen überwiegend selbst aus den Herkunftsländern ihrer Klientel. Ähnlich ist es in der Aussiedlerberatung mit polnisch- oder russischstämmigen Beratern. Aufgrund gestiegener Asylbewerberzahlen werden erst in den 1980er-Jahren Flüchtlingsdienste aufgebaut, überwiegend aus kirchlichen Eigenmitteln.

In den 90er-Jahren erfolgt die Zusammenführung der sog. „Ausländerdienste" unter der neuen Bezeichnung „Migrationsdienst". Während es bis dato darum ging, Probleme des Alltags in der Fremde zu lösen, Raum für Freizeittreffen mit Landsleuten und ein wenig Heimatgefühl zu bieten, kommt nun mehr und mehr die Förderung von Integration in den Blick. Der Kölner Diözesan-Caritasverband greift als einer der ersten Wohlfahrtsverbände den Paradigmenwechsel auf, Deutschland nun doch als Einwanderungsland zu begreifen und Integration individuell, aber auch gesellschaftlich zu fördern.

Die Neuausrichtung wird v. a. durch das Projekt der fünf Caritasverbände NRW „ProMigra" (2002–2004) beschleunigt und profiliert. Mit einem

Qualitätshandbuch werden die Ergebnisse multipliziert und die örtlichen Migrationsdienste der Caritas als Fachdienste für Integration und Migration neu konzeptioniert und strukturiert. Zu zwei neuen Schwerpunkten werden die Forcierung der interkulturellen Öffnung in allen Sparten der Caritasarbeit und der Dialog der Kulturen und Religionen mit dem Ziel, Toleranz, Respekt und echte Teilhabe in einer bunten Vielfaltgesellschaft zu vermitteln und einzuüben.

Zwei besondere Initiativen veranschaulichen den Weg des Diözesan-Caritasverbandes in diesem Anliegen: „vielfalt. viel wert." (seit 2009) und die „lebende bibliothek" (seit 2013).

Die im Jahr 2009 gestartete Kampagne „vielfalt. viel wert." soll ermutigen, mit ethnischer, kultureller und religiöser Vielfalt umzugehen und ihre Potenziale zu nutzen. Vor Ort werden unterschiedliche Anlässe zum Kennenlernen, zur Begegnung und zum Dialog geschaffen. Der persönliche Kontakt von „Altbürgern" mit zugewanderten Menschen verhindert den Aufbau von Vorurteilen, von Klischees, vom Schubladendenken, von Intoleranz und Rassismus. Nicht die „Einfalt", sondern die „Vielfalt" ist viel wert. Zum Auftakt der Kampagne lädt der Diözesan-Caritasverband 140 christliche, jüdische und muslimische Fachleute aus Wissenschaft und Praxis zu einem dreitägigen „Werte-Dialog" nach Köln ein.

Auf den starken Zustrom von Flüchtlingen im Jahr 2015 hat der Kölner Erzbischof Rainer Maria Kardinal Woelki mit der Gründung der Aktion „Neue Nachbarn" reagiert und Diözesan-Caritasdirektor Dr. Frank Johannes Hensel mit der Leitung der Aktion beauftragt. Mit dieser Aktion fordert der Erzbischof die Gemeinden auf, zu einer Willkommenskultur beizutragen und Flüchtlinge zu unterstützen, damit sie Sicherheit und Frieden in unserer Gesellschaft finden. Im Rahmen dieser Aktion haben sich örtlich viele ehrenamtliche Aktivitäten entfaltet und bei Bedarf finanzielle Unterstützung durch den neu geschaffenen Flüchtlingsfonds des Erzbistums erhalten. Auch „youngcaritas" unterstützt die Flüchtlingshilfe mit einem Aktionsheft für junge Menschen und verschiedenen Angeboten für ehrenamtliches Engagement.

10. Caritaspastorale Umbrüche

Von Beginn an gehört es zum kirchlichen Credo der Caritas, dass sämtliche Mitarbeitenden in ihrem Tun den kirchlichen Auftrag repräsentieren. Unabhängig von religiöser Sozialisation und auch von Religionszugehörigkeit bezeugen alle durch ihr caritatives Handeln die vorbehaltlose Güte und Liebe Gottes zu jedem Menschen. Diese vorausgesetzte kirchliche Identität erlebt einen epochalen Wandel. Wie gelingt Identitätsbildung in der pluralen Gesellschaft? Dies erfordert seitens der caritativen Träger eine ganz neue Auseinandersetzung mit „Christlichkeit" und ist heute eine große Herausforderung für Führungskräfte in kirchlichen Einrichtungen und Diensten. Die Stichworte heißen „christliche Unternehmenskultur" und „christliche Professionalisierung". Konkret bedeutet es, den Einzelnen in seiner sozialen-christlichen Motivation, seinem beruflichen Ethos und religionssensiblen fachlichen Handeln zu stärken. Für den Träger gilt es, seine jeweilige kirchliche Identität fortzuentwickeln und hierzu Rahmenbedingungen zu setzen. Ziel ist es, in einer säkularen und pluralen Gesellschaft ein authentisches und profiliertes Angebot für die zunehmend individuellen religiösen Bedarfe von Klienten, Bewohnern, Patienten sowie Angehörigen und Mitarbeitenden zu ermöglichen.

Mit der Schaffung der Stelle für „Caritaspastoral" ist der Diözesan-Caritasverband für das Erzbistum Köln e. V. im Jahr 1997 Vorreiter. Das Thema christlicher Identitätsbildung caritativer Organisationen in einer pluralen Gesellschaft wird frühzeitig erkannt und strategisch auf den Weg gebracht. So gibt es heute im Erzbistum Köln ein Ensemble verschiedener Stellen bei caritativen Trägern zur Koordination und Professionalisierung der Seelsorge und christlichen Identitätsbildung. Immer mehr Träger melden einen Beratungsbedarf an und suchen nach neuen Wegen zur nachhaltigen Identitätsentwicklung.

Seelsorge erlebt somit einen Wandel. So werden zwei in Köln entwickelte Modelle über das Erzbistum Köln hinaus wahrgenommen: Mitarbeitende der Caritas in der stationären Alten- und Behindertenhilfe sowie den Hospizen werden zum „Begleiter in der Seelsorge" ausgebildet und beauftragt; ehrenamtliche Gruppen werden im Projekt „Ehrenamt begleitet im Glauben" aufgebaut und seelsorglich qualifiziert. Die in Kooperation mit dem Erzbischöflichen Generalvikariat entwickelten Projekte zeigen einen gewollten Paradigmenwechsel: Caritativ engagierte „Laien" werden in den Seelsorgeauftrag einbezogen und ergänzen das seelsorgliche Angebot in den Einrichtungen.

Wichtig ist und bleibt die Aufgabe der Diözesan-Caritaspfarrer für die Seelsorge im Verband. Nach dem Tod von Caritaspfarrer Johannes Pütz im Jahr 1996 hat Pfarrer Matthias Schnegg die Mitarbeiterseelsorge übernommen. Mit und für die Mitarbeitenden im Diözesan-Caritasverband entwickeln die Stelle für Caritaspastoral und Grundsatzfragen und der Diözesan-Caritaspfarrer berufsintegrative Angebote religiöser Bildung und neue Gestaltungsformen religiöser Aktivitäten.

Die exemplarisch vorgestellten Veränderungsprozesse zeigen, dass sich der Diözesan-Caritasverband als ein lernfähiges System versteht, das sich einerseits seinen religiösen Wurzeln und seiner verbandlichen Geschichte bewusst ist, andererseits der Gegenwart zugewandt und für die Zukunft aufgeschlossen ist. Der Diözesan-Caritasverband, seine Mitarbeitenden und seine Mitglieder waren, sind und bleiben Hoffnungsträger für die Belasteten, Schwachen und Ausgegrenzten unserer Gesellschaft. Der Einsatz der Caritas für eine menschlichere Welt spendet Menschen Hoffnung und Zukunft und ist aus Gesellschaft und Kirche nicht wegzudenken.

Der Verfasser dankt vielen (ehemaligen) Kolleginnen und Kollegen aus dem Diözesan-Caritasverband für die zahlreichen Hinweise, Informationen, Materialien für diesen Beitrag in der Jubiläumschronik.

DIE VORSITZENDEN UND DIREKTOREN DES DIÖZESAN-CARITASVERBANDES KÖLN

VORSITZENDER	CARITASDIREKTOR	
Peter Joseph Lausberg, Weihbischof (1916–1922 †)	**Generalsekretär** August Löhr (1916–1919) **Direktor** Hugo Taepper (1919–1921)	**Generalsekretär** Albert Emil Lenné, Domkapitular, Prälat (1916–1921)
Albert Emil Lenné, Domkapitular, Prälat (1922–1944)	Albert Emil Lenné, Domkapitular, Prälat (1921–1930)	
	Johannes Becker (1930–1942)	
Franz Müller, Prälat (1944–1949)	Karl Boskamp, Prälat (1943–1965)	
Joseph Ferche, Weihbischof (1949–1965 †)		
Karl Boskamp, Prälat (1965–1979)	Florian Dekiert (1965–1970)	
Heinz-Werner Ketzer, Dompropst, Prälat (1979–1984 †)	Ulrich Brisch (1970–1988 †)	
Norbert Feldhoff, Generalvikar, Dompropst, Prälat (1985–2012)	Alfred Dünner (1988–1994)	
Heiner Koch, Weihbischof (2012–2014)	Winfried Risse (1995–2005)	
Ansgar Puff, Weihbischof (2014–heute)	Frank Johannes Hensel (2005–heute)	

ABKÜRZUNGS- UND SIGLENVERZEICHNIS

ADCV	Archiv des Deutschen Caritasverbandes e. V., Freiburg
ADiCV	Archiv des Diözesan-Caritasverbandes Köln e. V., Köln
AEK	Historisches Archiv des Erzbistums Köln
CR	Cabinetts-Registratur (Zentralaktenbestand im AEK)
DA	Dienstakten
DDP	Deutsche Demokratische Partei
DiCV	Diözesan-Caritasverband e. V.
DP	„Displaced Person" (später: Heimatloser Ausländer)
Gen.	Generalia (Zentralaktenbestand im AEK)
GiK	Geschichte in Köln
HJ	Hitlerjugend
KA	Kirchlicher Anzeiger für die Erzdiözese Köln
LThK	Lexikon für Theologie und Kirche
NSV	Nationalsozialistische Volkswohlfahrt
RM	Reichsmark
VKZG	Veröffentlichungen der Kommission für Zeitgeschichte

QUELLEN- UND LITERATURVERZEICHNIS

Ungedruckte Quellen

ADCV, Bestand 125.50: Caritasverband für das Erzbistum Köln.
ADCV, Bestand AP.

ADiCV, Bestand I [Depositum im AEK].
ADiCV, Neuerer Bestand (unverzeichnet).

AEK, Cabinetts-Registratur I (CR I).
AEK, Cabinetts-Registratur II (CR II).
AEK, Cabinetts-Registratur III (CR III), Zugang 1653.
AEK, Dienstakten (DA) Lenné.
AEK, Generalia I (Gen. I).
AEK, Generalia II (Gen. II).

Interview mit Dompropst em. Dr. h. c. Norbert Feldhoff vom 10. August 2015.

Gedruckte Quellen und Literatur

Verlautbarungen aus Kirchlichen Anzeigern, Amtsblättern, Zeitschriften und Handbüchern werden jeweils vollständig in den Fußnoten zitiert.

Amtsblatt des Erzbistums Köln, hrsg. vom Erzbischöflichen Generalvikariat, Köln.

Aschoff, Hans-Georg: Überlebenshilfe: Flüchtlinge, Vertriebene, Suchdienste, Kriegsgefangene und Internierte, in: Gatz, Erwin (Hrsg.): Geschichte des Kirchlichen Lebens in den deutschsprachigen Ländern seit dem Ende des 18. Jahrhunderts – Die katholische Kirche –, Band V: Caritas und soziale Dienste, Freiburg i. Br. u. a. 1997, S. 255–279.

Baldus, Manfred: Gründung des Diözesan-Caritasverbandes für das Erzbistum Köln e. V. – 1904, 1916 oder wann?, in: Feldhoff, Norbert/Dünner, Alfred (Hrsg.): Die verbandliche Caritas. Praktisch-theologische und kirchenrechtliche Aspekte, Freiburg i. Br. 1991, S. 9–20.

Bendel, Rainer: Aufbruch aus dem Glauben? Katholische Heimatvertriebene in den gesellschaftlichen Transformationen der Nachkriegsjahre 1945–1965 (Forschungen und Quellen zur Kirchen- und Kulturgeschichte Ostdeutschlands, 34), Köln u. a. 2003.

Brandts, Max: Die katholischen Wohlthätigkeits-Anstalten und -Vereine sowie das katholischsociale Vereinswesen insbesondere in der Erzdiöcese Köln, Köln 1896.

Brüggemann, Wolfgang/Heitzer, Horstwalter (Hrsg.): 100 Jahre Rerum novarum (1991), Bochum 1991.

Brzosa, Ulrich: 100 Jahre Caritasverband für die Stadt Düsseldorf. Die Geschichte der Caritas in Düsseldorf von den Anfängen bis zur Gegenwart (hrsg. vom Caritasverband für die Stadt Düsseldorf e. V.), Köln u. a. 2004.

Bühler, Hans Harro: Die katholischen sozialen Einrichtungen der Caritas in der Bundesrepublik Deutschland 1980–1990, in: Caritas '92. Jahrbuch des Deutschen Caritasverbandes, S. 319–336.

Caritas-Adressbuch für das Erzbistum Köln. Übersicht über Einrichtungen, Anstalten und Organisationen nach dem Stand vom 1. April 1967, hrsg. vom Diözesan-Caritasverband für das Erzbistum Köln, Köln 1967.

Die Caritas im Erzbistum Köln. Übersicht über ihre Einrichtungen, Anstalten, Träger und ausübenden Kräfte nach dem Stand vom 1. April 1926, hrsg. vom Diözesan-Caritasverband für das Erzbistum Köln, Köln 1926.

Caritas-Handbuch für das Erzbistum Köln. Übersicht über ihre Einrichtungen, Anstalten, Organisationen und ausübenden Kräfte nach dem Stand vom 1. Oktober 1949, hrsg. vom Diözesan-Caritasverband für das Erzbistum Köln, Köln 1949.

Caritas-Handbuch für das Erzbistum Köln. Übersicht über ihre Einrichtungen, Anstalten, Organisationen und ausübenden Kräfte nach dem Stand vom 1. Oktober 1956, hrsg. vom Diözesan-Caritasverband für das Erzbistum Köln, Köln 1956.

Caritas-Handbuch für das Erzbistum Köln. Übersicht über die Einrichtungen, Anstalten, Organisationen und tätigen Kräfte nach dem Stand vom 1. April 1962, hrsg. vom Diözesan-Caritasverband für das Erzbistum Köln, Köln 1962.

Caritas in NRW, Köln 1971–1989.

Caritas-Nachrichten für das Erzbistum Köln, Köln 1946–1971.

Carls, Hans: Der Arbeitsplatz. Ein Beitrag zum Wanderarmen-, Arbeitslosen- und Obdachlosenproblem, Freiburg i. Br. 1926.

Corsten III. Sammlung von Erlassen und Verlautbarungen aus dem kirchlichen und weltlichen Bereich zu den Dekreten der Kölner Diözesan-Synode 1954, hrsg. vom Erzbischöflichen Generalvikariat Köln, Köln 1967.

Diözesan-Ausschuß für die Werke christlicher Liebe und sozialer Fürsorge in der Erzdiözese Köln, in: Charitas. Zeitschrift für die Werke der Nächstenliebe im katholischen Deutschland 10 (1905), S. 241–242.

Diözesan-Caritasverband für das Erzbistum Köln e. V. (Hrsg.): Aufbau – Aufgaben – Arbeitsbereiche, Köln 1977.

Diözesan-Caritasverband für das Erzbistum Köln e. V. (Hrsg.): Organisationsplan, Köln 1989.

Die Kölner Diözesan-Synode des Erzbistums Köln 1922, am 10., 11. und 12. Oktober, hrsg. von der Erzdiözese Köln, Köln 1922.

Die Diözesan-Synode des Erzbistums Köln 1937, 28. und 29. April, hrsg. vom Erzbischöflichen Generalvikariat Köln, Köln 1937.

Kölner Diözesan-Synode 1954, hrsg. vom Erzbischöflichen Generalvikariat Köln, Köln 1954.

Dülfer, Jost (Hrsg.): „Wir haben schwere Zeiten hinter uns." Die Kölner Region zwischen Krieg und Nachkriegszeit (Veröffentlichungen des Kölnischen Geschichtsvereins e. V., 40), Vierow 1996.

Feldhoff, Norbert/Dünner, Alfred (Hrsg.): Die verbandliche Caritas. Praktisch-theologische und kirchenrechtliche Aspekte, Freiburg i. Br. 1991.

Fleckenstein, Gisela: Die Kirchliche Kriegshilfe 1914–1918, in: Gatz, Erwin (Hrsg.): Geschichte des Kirchlichen Lebens in den deutschsprachigen Ländern seit dem Ende des 18. Jahrhunderts – Die katholische Kirche –, Band V: Caritas und soziale Dienste, Freiburg i. Br. u. a. 1997, S. 184–188.

Fleckenstein, Gisela: Sonderarbeitsbereiche: Trinker, Mädchenschutz, Bahnhofsmission, Gefährdete, Wanderer, Gefangene, Behinderte, Fachbereiche, in: Gatz, Erwin (Hrsg.): Geschichte des Kirchlichen Lebens in den deutschsprachigen Ländern seit dem Ende des 18. Jahrhunderts – Die katholische Kirche –, Band V: Caritas und soziale Dienste, Freiburg i. Br. u. a. 1997, S. 146–169.

Frie, Ewald: Caritativer Katholizismus im expandierenden Wohlfahrtsstaat. Abschied von der Fürsorgeeinheit Gemeinde, in: Jänichen, Traugott u. a. (Hrsg.): Caritas und Diakonie im ‚goldenen Zeitalter‘ des bundesdeutschen Sozialstaats, Stuttgart 2010, S. 39–55.

Frings, Josef: Für die Menschen bestellt. Erinnerungen des Alterzbischofs von Köln, Köln 1973.

Friske, Hans Wilhelm: 100 Jahre SKM. Vom Katholischen Männer-Fürsorgeverein zum Katholischen Verband für soziale Dienste, in: Caritas-Jahrbuch 2013, S. 159–163.

75 Jahre Deutscher Caritasverband (1897–1972), hrsg. v. Deutschen Caritasverband Freiburg, Freiburg i. Br. [1972].

Gabriel, Karl: Von der Caritas zum sozial-caritativen Handeln der Kirche. Transformationen im Selbstverständnis der Caritas in den 60er Jahren, in: Jänichen, Traugott (Hrsg.): Caritas und Diakonie im ‚goldenen Zeitalter‘ des bundesdeutschen Sozialstaats, Stuttgart 2010, S. 56–73.

Gatz, Erwin: Caritas und soziale Dienste, in: Rauscher, Anton (Hrsg.): Der soziale und der politische Katholizismus. Entwicklungslinien in Deutschland 1803–1963, Band II, München, Wien 1982, S. 312–351.

Gauly, Thomas M.: Kirche und Politik in der Bundesrepublik Deutschland 1945–1976, Bonn 1990.

Gersfeld, Harald E.: Die Caritas nach dem Zweiten Weltkrieg bis heute, in: „In Anbetracht der ins Ungemessene gestiegenen Not …“ Caritas im Erzbistum Köln, hrsg. vom Caritasverband für das Erzbistum Köln e. V., Kehl 1997, S. 34–48.

Gottes Liebe Lebt. Unser Diözesan-Caritas-Tag in Essen. Ein Bericht zur Weiterführung in unserer Arbeit, hrsg. vom Diözesan-Caritasverband Köln [, Köln 1952].

Gruber, Hubert: Katholische Kirche und Nationalsozialismus 1930–1945. Ein Bericht in Quellen, Paderborn u. a. 2006.

Hammerschmidt, Peter: Die Wohlfahrtsverbände im NS-Staat. Die NSV und die konfessionellen Verbände Caritas und Innere Mission im Gefüge der Wohlfahrtspflege des Nationalsozialismus, Opladen 1999.

Hegel, Eduard: Felix von Hartmann (1851–1919), in: Gatz, Erwin (Hrsg.): Die Bischöfe der deutschsprachigen Länder 1785/1803 bis 1945. Ein biographisches Lexikon, Berlin 1983, S. 286–289.

Hegel, Eduard: Peter Joseph Lausberg (1852–1922), in: Gatz, Erwin (Hrsg.): Die Bischöfe der deutschsprachigen Länder 1785/1803 bis 1945. Ein biographisches Lexikon, Berlin 1983, S. 436.

Hegel, Eduard (Hrsg.): Geschichte des Erzbistums Köln, Band V: Das Erzbistum zwischen der Restauration des 19. Jahrhunderts und der Restauration des 20. Jahrhunderts (1815–1962), Köln 1987.

v. Hehl, Ulrich: Katholische Kirche und Nationalsozialismus im Erzbistum Köln (VKZG B 23), Mainz 1977.

v. Hehl, Ulrich (Bearb.): Priester unter Hitlers Terror. Eine biographische und statistische Erhebung, 2 Bde. (VKZG A 37), Mainz 1984.

v. Hehl, Ulrich: Karl Joseph Kardinal Schulte (1871–1941), in: Aretz, Jürgen/Morsey, Rudolf/ Rauscher, Anton (Hrsg.): Zeitgeschichte in Lebensbildern, Band 10, Münster 2001, S. 61–73.

Heilbronn, Wolfgang: Die politische Geschichte der Erzdiözese Köln von 1918 bis 1933. Ein Beitrag zur Geschichte des Rheinlandes, Aachen 1997.

Heinemann, Heribert: Die Stellung der Caritas im Verfassungsrecht der Kirche. Kanonistische Erwägungen, in: Feldhoff, Norbert/Dünner, Alfred (Hrsg.): Die verbandliche Caritas. Praktisch-theologische und kirchenrechtliche Aspekte, Freiburg i. Br. 1991, S. 150–167.

Heumer, Mechthilde/Kühn, Cornelia: Die Entstehung und Entwicklung der Altenpflegeausbildung. Historische Rekonstruktion des Zeitraums von 1950 bis 1994 in Nordrhein-Westfalen, Hamburg 2010.

Holzbrecher, Sebastian: Joseph Ferche (1888–1965). Integration eines vertriebenen Weihbischofs, in: Bendel, Rainer (Hrsg.): Vertriebene finden Heimat in der Kirche. Integrationsprozesse im geteilten Deutschland nach 1945 (Forschungen und Quellen zur Kirchen- und Kulturgeschichte Ostdeutschlands, 38), Köln 2008, S. 119–130.

Hopmann, Maria Victoria: Marie Le Hanne-Reichensperger – „Die Frau Bergrat". 1848–1921, Mainz 1939.

Hürten, Heinz: Katholische Verbände, in: Rauscher, Anton (Hrsg.): Der soziale und der politische Katholizismus. Entwicklungslinien in Deutschland 1803–1963, Band II, München, Wien 1982, S. 215–277.

Hürten, Heinz: Deutsche Katholiken 1918–1945, Paderborn u. a. 1992.

Jähnichen, Traugott u. a. (Hrsg.): Caritas und Diakonie im „goldenen Zeitalter" des bundesdeutschen Sozialstaats. Transformationen der konfessionellen Wohlfahrtsverbände in den 1960er Jahren (Konfession und Gesellschaft, 43), Stuttgart 2010.

Janssen, Wilhelm: Kleine Rheinische Geschichte, Düsseldorf 1997.

Jousten, Wilfried: Errichtung und Auflösung des Bistums Eupen-Malmedy (1921–1925). Eine Studie mit besonderer Berücksichtigung kirchenrechtlicher Aspekte (Quellen und Forschungen zur Geschichte der deutschsprachigen Belgier, 8), Brüssel 2016.

Kaiser, Johann Christoph: Die zeitgeschichtlichen Umstände der Gründung des Deutschen Caritasverbandes vom 9. November 1897, in: Manderscheid, Michael/Wollasch, Hans-Josef (Hrsg.): Lorenz Werthmann und die Caritas. Aufgegriffenes und Liegengelassenes der Vereinsgründung 1897, Freiburg i. Br. 1991, S. 1–29.

Kellenbenz, Hermann (Hrsg.): Zwei Jahrtausende Kölner Wirtschaft, Bd. 2 (= Vom 18. Jahrhundert bis zur Gegenwart), Köln 1975.

Kirchenzeitung für das Erzbistum Köln, Köln.

Kirchlicher Anzeiger für die Erzdiözese Köln (KA), Köln.

Kirchliches Handbuch für das katholische Deutschland, Freiburg i. Br.

Klein, Adolf: Köln im Dritten Reich. Stadtgeschichte der Jahre 1933–1945 (Aus der Kölner Stadtgeschichte), Köln 1983.

Klein, Franz: Die Verfassung der deutschen Caritas. Ihre Bedeutung für die zeitgerechte Erfüllung des Caritasauftrags, Freiburg i. Br. 1966.

Knippschild, Katharina: Die Jahre der Weimarer Republik und des Nationalsozialismus 1919–1945, in: „In Anbetracht der ins Ungemessene gestiegenen Not …" Caritas im Erzbistum Köln, hrsg. vom Caritasverband für das Erzbistum Köln e. V., Kehl 1997, S. 19–33.

Kösters, Christoph (Hrsg.): Caritas in der SBZ/DDR 1945–1989. Erinnerungen, Berichte, Forschungen, Paderborn u. a. 2001.

Kuhlmann, Alfred: Das Lebenswerk Benedikt Schmittmanns, Münster 1971.

Lagebericht des Caritasverbandes für die Stadt Bonn im Frühjahr 1983, hrsg. vom Caritasverband für die Stadt Bonn (Schrift Nr. 5), Bonn 1983.

Lakemeier, Elisabeth: 50 Jahre Diözesan-Caritasverband für das Erzbistum Köln 1916–1966 (Caritas-Nachrichten für das Erzbistum Köln, Sonderdruck), Bergisch Gladbach 1967 [zit.: Lakemeier, Chronik].

Laubacher, Anton: Gelebte Caritas. Das Werk der Caritas in der Diözese Rottenburg-Stuttgart, Stuttgart, Aalen 1982.

Liese, Wilhelm: Geschichte der Caritas, 2 Bände, Freiburg i. Br. 1922.

Limburger, Iris: Die Rheinlandbesetzung nach dem Ersten Weltkrieg. Leben unter alliierter Besatzungsherrschaft in Köln und in der Eifel (1918–1926), in: GiK 57 (2010), S. 93–118.

Lingen, Markus: Heinrich Brauns und der „Volksverein für das katholische Deutschland" (1900–1933), in: Haas, Reimund u. a. (Hrsg.): Im Gedächtnis der Kirche neu erwachen. Studien zur Geschichte des Christentums in Mittel- und Osteuropa, Festschrift Gabriel Adriányi (Bonner Beiträge zur Kirchengeschichte, 22), Köln u. a. 2000, S. 235–264.

Matzerath, Horst: Die Kölner und der Nationalsozialismus: eine kölsche Geschichte, in: GiK 52 (2005), S. 235–269.

Maurer, Catherine: Der Caritasverband zwischen Kaiserreich und Weimarer Republik. Zur Sozial- und Mentalitätsgeschichte des caritativen Katholizismus in Deutschland, Freiburg i. Br. 2008.

Mercier, Charles: La Societé de Saint-Vincent-de-Paul. Une mémoire des origines en mouvement, Paris u. a. 2006.

Mergel, Thomas: Stressgesellschaften. Europäische Städte im Ersten Weltkrieg, in: GiK 61 (2014), S. 185–205.

Mertens, Annette: Himmlers Klostersturm. Der Angriff auf katholische Einrichtungen im Zweiten Weltkrieg und die Wiedergutmachung nach 1945 (VKZG B 108), Paderborn u. a. 2006.

Mewes, Bernhard: Der Kölner Arbeitsmarkt. Zeitschrift des Statistischen und Wahlamts der Stadt Köln, Bd. 9, Köln 1932.

Missalla, Heinrich: Für Volk und Vaterland. Die Kirchliche Kriegshilfe im Zweiten Weltkrieg, Königstein 1978.

Mockenhaupt, Hubert: Die Arbeit menschlich ordnen. Heinrich Brauns – ein Leben für die soziale Gerechtigkeit, Trier 1990.

Möhring, Niklas: Der Kölner Dom im Zweiten Weltkrieg, Köln 2011.

Neher, Peter u. a.: Lorenz Werthmann. Caritasmacher und Visionär, Freiburg i. Br. 2008.

Neuhaus, Agnes: Aus der Geschichte des Kath. Fürsorgevereins für Mädchen, Frauen und Kinder, Dortmund 1929.

Noppel, Constantin: Denkschrift über den Ausbau der katholischen Caritasorganisation, Freiburg i. Br. 1915.

Ostermann, Anne: Zwangsarbeit im Erzbistum Köln. Kirchliche Einrichtungen und ausländische Zivilarbeiter während des Zweiten Weltkrieges (Studien zur Kölner Kirchengeschichte, 41), Siegburg 2011.

Ries, Roland/Marzi, Werner (Hrsg.): Caritas im Bistum Trier. Eine Geschichte des Heilens und Helfens, Trier 2006.

Sack, Birgit: Zwischen religiöser Bindung und moderner Gesellschaft. Katholische Frauenbewegung und politische Kultur in der Weimarer Republik (1918/19–1933) (Internationale Hochschulschriften, 266), Münster u. a. 1998.

Scheidgen, Hermann-Josef: Die verbandliche Caritas und die katholische Kirche in Deutschland in den letzten 100 Jahren unter besonderer Berücksichtigung der Erzdiözese Köln, in: Feldhoff, Norbert/Dünner, Alfred (Hrsg.): Die verbandliche Caritas. Praktisch-theologische und kirchenrechtliche Aspekte, Freiburg i. Br. 1991, S. 21–51.

Scheidgen, Hermann-Josef: Deutsche Bischöfe im Ersten Weltkrieg. Die Mitglieder der Fuldaer Bischofskonferenz und ihre Ordinariate 1914–1918 (Bonner Beiträge zur Kirchengeschichte, 18), Köln u. a. 1991.

Scheidgen, Hermann-Josef/Bodewein, Dorothee/Krücker, Peter: Chronik. 100 Jahre Caritasverband für die Stadt Köln e. V., hrsg. v. Caritasverband für die Stadt Köln e. V., Köln 2015.

Schildt, Axel: Die Sozialpolitik der Bundesrepublik Deutschland bis 1989/90 (Enzyklopädie Deutscher Geschichte, 80), München 2007.

Sozialdienst Katholischer Männer e. V. Köln (Hrsg.): 1902–1982 – Sozialer Dienst im Wandel von Not und Zeit. Vincenz-Fürsorge-Verein Köln – Katholischer Männer-Fürsorge-Verein e. V. Köln – Sozialdienst Katholischer Männer e.V. Köln. Ein fragmentarischer Versuch zur Geschichte des Vereins anlässlich seines 80jährigen Bestehens, erarbeitet und zusammengestellt von Peter Ludemann, Köln 1982.

Splett, Bruno: Zur Chronik des Diözesan-Caritasverbandes für das Erzbistum Köln. Quellen und Erinnerungen zum Auf- und Ausbau in den letzten 90 Jahren, hrsg. vom Diözesan-Caritasverband Köln, Köln 1987.

Stasiewski, Bernhard/Volk, Ludwig (Bearb.): Akten deutscher Bischöfe über die Lage der Kirche in Deutschland 1933–1945, 6 Bde. (VKZG A 5, 20, 25, 30, 34, 38), Mainz 1968–1985.

Treue, Wilhelm (Hrsg.): Deutschland in der Weltwirtschaftskrise in Augenzeugenberichten, 2. Auflage Düsseldorf 1967.

Trippen, Norbert: Josef Kardinal Frings (1887–1978), 2 Bde. (VKZG B 94, 104), Paderborn u. a.2003, 2005.

Trippen, Norbert: Joseph Kardinal Höffner (1906–1987), 2 Bde. (VKZG B 115, 122), Paderborn u. a. 2009, 2012.

Vosen, Klaus-Peter: Hermann Joseph Schmitz (1841–1899), in: Rheinische Lebensbilder 12 (1991), S. 179–197.

Wollasch, Andreas: Der Katholische Fürsorgeverein für Mädchen, Frauen und Kinder (1899–1945). Ein Beitrag zur Geschichte der Jugend- und Gefährdetenfürsorge in Deutschland, Freiburg i. Br. 1991.

Wollasch, Andreas: Von der Fürsorge „für die Verstoßenen des weiblichen Geschlechts" zur anwaltschaftlichen Hilfe. 100 Jahre Sozialdienst katholischer Frauen (1899–1999), Olsberg 1999.

Wollasch, Hans-Josef: Humanitäre Auslandshilfe für Deutschland nach dem Zweiten Weltkrieg. Darstellung und Dokumente kirchlicher und nichtkirchlicher Hilfen, Freiburg i. Br. 1976.

Wollasch, Hans-Josef: Beiträge zur Geschichte der Deutschen Caritas in der Zeit der Weltkriege. Zum 100. Geburtstag von Benedict Kreutz (1879–1949), Freiburg i. Br. 1978.

Wollasch, Hans-Josef: „Sociale Gerechtigkeit und christliche Charitas". Leitfiguren und Wegmarkierungen aus 100 Jahren Caritasgeschichte, Freiburg i. Br. 1996.

Wollasch, Hans-Josef: Gertrud Luckner. ‚Botschafterin der Menschlichkeit', Freiburg i. Br. 2005.

Zorn-Lingnau, Gisela: Der Katholische Fürsorgeverein Köln im Spiegel der Zeitgeschichte 1899–1950, Köln 2013.

Quellen Zeitstrahl

Der mitlaufende Zeitstrahl orientiert sich an den Jahreschroniken in: Lebendiges Museum Online, Stiftung Haus der Geschichte der Bundesrepublik Deutschland, URL: https://www.dhm.de/lemo.html; zuletzt besucht am 12.09.2016.

Quellen Kapitelzitate

Kapitel 1: Zit. nach Lakemeier, Chronik, S. 13.

Kapitel 2: Diözesan-Synode 1922, S. 65.

Kapitel 3: KA vom 1. November 1926.

Kapitel 4: AEK, DA Lenné 79.

Kapitel 5: ADiCV, Bestand I 121.

Kapitel 6: AEK, CR II 2.18g,1.

Kapitel 7: AEK, CR II 22.31a,5.

Kapitel 8: Kirchenzeitung für das Erzbistum Köln vom 23. Dezember 1994, S. 9.

BILDNACHWEIS

Archiv des Deutschen Caritasverbandes e. V., Freiburg: S. 17, 24, 30, 60

Historisches Archiv des Erzbistums Köln: S. 22, 26, 27, 36, 37, 44, 82, 84, 86, 98

Caritasverband für das Bistum Essen e. V.: S. 97

Diözesan-Caritasverband für das Erzbistum Köln e. V.: S. 50, 69, 83, 95, 96, 101, 110, 112, 126, 128 unten, 129, 134 1. und 2. von links

Erzbistum Köln: S. 134 1. und 2. von rechts

Prälat Dr. h. c. Norbert Feldhoff: S. 128 oben

F. W. Holubovsky: S. 127

Cindy Kinze: S. 49, 100

KNA Bild: S. 59, 80, 92

Rheinisches Bildarchiv Köln: S. 25 (rba_034759), 35 (Werner Mantz, rba_610291), 53 (rba_mf159877)

Richrath, Bad Godesberg: S. 28

SkF Gesamtverein e. V.: S. 16

Stadtkonservator Köln: S. 87

Vogler, Ratingen: S. 81, 121

Wirtz, Köln: S. 116